Turbine seu cérebro

Plano gradual em 15 semanas

SEMANA 4

Um desafio para a mente

Será que faço o suficiente para cuidar do meu cérebro? O cérebro é uma máquina que funciona de maneira global. Quando calculamos, memorizamos ou simplesmente organizamos nossa agenda, nossas habilidades mentais interagem entre si. Por esse motivo, e do mesmo jeito que numa série de ginástica exercitamos nossos músculos para alcançar uma boa forma física, nossas habilidades mentais podem ser exercitadas mediante a realização de jogos divertidos. Além do mais, com os pequenos conselhos que são oferecidos nestas páginas, abriremos caminho para a criação de novos hábitos saudáveis para nossa mente.

1 Durante quinze semanas, exercitaremos nossa mente, dedicando atenção especial a cada um dos seguintes âmbitos: compreensão, imaginação, organização espacial e temporal, raciocínio, expressão oral e escrita, criatividade, percepção, agilidade, abstração numérica, comunicação, concentração, memória e consciência.

2 Cumpriremos um plano de jogos para cada semana, contendo enigmas, caça-palavras, labirintos, ideogramas, embaralhadas, diretas etc., com o objetivo de exercitar todas as habilidades mentais.

3 Trata-se de um programa cuja intensidade aumenta paulatinamente. Seguiremos um roteiro de jogos que, a cada semana, ficará um pouco mais complicado.

As habilidades mentais

MEMÓRIA
Sem o hábito de exercitá-la, a memória ficará cada vez mais debilitada. Por outro lado, se a exercitarmos como convém, veremos com clareza como a memória melhora.

ATENÇÃO
A falta de atenção gera lembranças vagas e também faz com que não aproveitemos ao máximo o tempo que dedicamos a tarefas concretas.

CÁLCULO
Os exercícios de cálculo aguçam a mente e potencializam a concentração. Fazer vários tipos de cálculos, que sejam cada vez mais complexos, é um bom treinamento para não perder as faculdades mentais.

LÓGICA
Fazer exercícios de lógica reforça as sinapses das áreas do cérebro encarregadas do pensamento lógico.

LINGUAGEM
Em todas as facetas de nossa vida, são básicas a compreensão e a expressão de nosso pensamento. O desenvolvimento da capacidade verbal leva à melhora da compreensão e à aquisição de um vocabulário mais rico.

ORIENTAÇÃO ESPACIAL
A orientação nos permite conhecer o mundo tendo nós mesmos como ponto de referência.

Como avaliar os resultados?

Para contar os pontos nesses jogos, é preciso marcar o tempo. Em cada jogo, há um contador para anotar o resultado que tivermos conseguido de acordo com um destes dois sistemas:

Marcador 1: De acordo com o tempo de resolução
Devemos anotar o tempo que demoramos para resolver o jogo por completo. De acordo com o tempo empregado em minutos, marcaremos um X no campo correspondente. No exemplo a seguir, damos como referência o intervalo de 3 a 6 minutos:

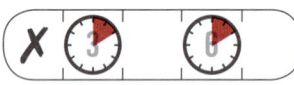  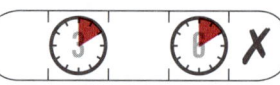

Se você demorar 3 minutos ou menos, marque o primeiro campo. Se você demorar entre 3 e 6 minutos, marque o campo do meio. Se você demorar mais de 6 minutos, marque o último campo.

Se você abandonar o jogo, não marque campo algum. Sua pontuação será 0.

Marcador 2: De acordo com o número de respostas
São jogos com um tempo limitado de realização. Você encontrará, à esquerda do marcador, o tempo de que dispõe para realizar o jogo. Conte o número de acertos e marque o campo correspondente. Desse modo, neste exemplo, o número de acertos segue este esquema:

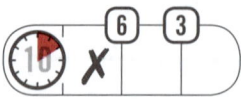 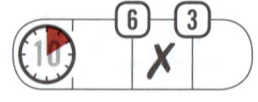 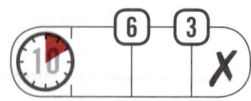

Se você acertar mais de 6, marque o primeiro campo. Se você acertar entre 3 e 6, marque o segundo campo. Se você acertar menos de 3, marque o terceiro campo.

Se você não conseguir nenhum acerto ou abandonar o jogo, sua pontuação será 0.

1 Quando você terminar seus exercícios diários, deve transferir os resultados obtidos para a tabela que se encontra no final do dia correspondente. Faça um círculo no campo equivalente a seu resultado para saber a pontuação que você conseguiu em cada exercício.

Avaliação diária

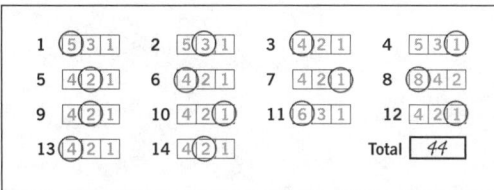

Avaliação semanal

2 A soma dos pontos diários nos permite saber a pontuação da semana.

3 No fim da semana, você deve somar todos os pontos conseguidos.

Dia 1	44
Dia 2	
Dia 3	
Dia 4	
Dia 5	
Dia 6	
Dia 7	
Total da semana	

Semana a semana, a dificuldade dos exercícios aumentará para que o desafio pessoal de exercitar a mente seja cada vez mais complexo. E lembre-se: o importante é treinar!

Semana 4:
A comunicação

"Para compreender a si mesmo, o homem precisa que o outro o compreenda. Para que seja compreendido pelo outro, precisa compreender o outro."
Thomas Hora

Será que sou capaz de transmitir a informação que desejo transmitir? Sei compreender bem quem me comunica algo? Como posso me expressar de maneira mais efetiva? Sou capaz de comunicar aquilo que se constrói em imagens e palavras no meu cérebro? Na maior parte do tempo, não nos damos conta do efeito que provocamos em nosso interlocutor nem do efeito que, por sua vez, ele causa em nós. No entanto, estamos continuamente nos comunicando com aqueles que nos rodeiam: a comunicação – protagonista desta semana – é o veículo da interação humana. Comunicar não significa apenas transmitir informação: sempre que interagimos, estamos comunicando algo aos demais. Toda conduta é, portanto, comunicação também.

Objetivos da semana

O modo como nos comunicamos transmite emoções, sentimentos, valores e crenças que não só influem em como os demais nos percebem, como também na própria mensagem que desejamos transmitir. A comunicação efetiva resulta em uma ferramenta crucial para nos relacionarmos de forma saudável com nosso entorno e fomentarmos nosso bem-estar pessoal e social. No entanto, na realidade, é impossível não se comunicar, pois até o silêncio é uma forma de comunicação. As atividades desta semana têm como objetivo a melhora da nossa capacidade de comunicação efetiva.

1 **Treinar a linguagem não verbal**
Ser consciente das mensagens não verbais que emitimos e recebemos continuamente é fundamental para manter uma comunicação efetiva.

2 **Distinguir os níveis da comunicação**
Toda comunicação é composta por dois níveis: conteúdo e relação. Saber diferenciá-los é uma vantagem porque podemos criar o clima adequado para cada conversa.

3 **Saber escutar**
A capacidade de escutar com empatia é a melhor ferramenta para garantir a efetividade da comunicação, mas também a mais difícil.

4 **Evitar subentendidos**
Dar as coisas por supostas é o erro mais comum: costuma levar a mal-entendidos e nos afasta da boa comunicação.

5 **Praticar a assertividade**
Ter um estivo assertivo é muito eficaz para negociar ou nos comunicarmos quando temos que abordar um tema que gera conflito entre os interlocutores.

6 **Preparar o contexto adequado**
Para uma boa comunicação, não só é importante o que dizemos, mas como o dizemos. A mensagem assume significados distintos dependendo de quando a transmitimos e em que condições.

7 **Metacomunicar-se: comunicar algo sobre a comunicação**
A habilidade de comunicar sobre a própria comunicação supõe uma ferramenta de grande poder para vencer as barreiras comunicativas.

Dia 1

Treinar a linguagem não verbal

É como se diz: a importância de uma coisa é a que se lhe dá. Os gestos, as expressões faciais, a postura, o tom e o volume da voz são sinais que determinam a forma da mensagem. Em toda comunicação estão presentes inúmeros sinais não verbais que acompanham a linguagem verbal. São sinais espontâneos, de que não costumamos ter consciência, mas que pesam muito na comunicação. A linguagem não verbal nos informa sobre as emoções, os sentimentos e as intenções de nosso interlocutor.

Caça-palavra

Você se dá bem na pesca? Este caça-palavra contém os nomes de dezoito peixes. Você consegue encontrar todos eles?

ANCHOVA	BACALHAU	CONGRO	MERLUZA	TAINHA
ARENQUE	BAIACU	ENGUIA	PACU	TRUTA
ARRAIA	CAÇÃO	LAMBARI	SALMÃO	
ATUM	CAVALA	LINGUADO	SARDINHA	

```
            Z A Y   E
          V V N S   X L
        M F L C B   T W F
      U C F I H U C A I A B
      T T O   N O A R E N Q U E
      A F A N M G V P T D N H A D T
      Y L I G W U A N A R I H W G R
      F Z N R V A N T E C N L C M U
      K C H O L D R K Z I U Y A X T
      X L A S F O K D D S B Z V I A
      E N G U I A J R V W U I A K X
      L F A W E E A Y W L B G L N X
        A V R I S F G R F A F A D
        M B R C Y E Z K C Z J
          B T A M W C N A E
          A K I E A S L
        E T F R V A Ç B H C J
        Z R E V F I K Ã F A S S H
      S A L M Ã O C R O C U H F X T
```

Lembre-se:

Jogue durante 5 minutos. Se nesse tempo você encontrar 12 palavras ou mais, marque o primeiro campo. Se encontrar entre 6 e 12, marque o segundo. E, se encontrar menos de 6, marque o terceiro.

2 Texturas

Observe este retângulo formado por um conjunto de imagens. Em que posição se encontram as fotografias dos detalhes?

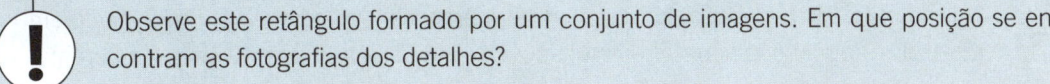

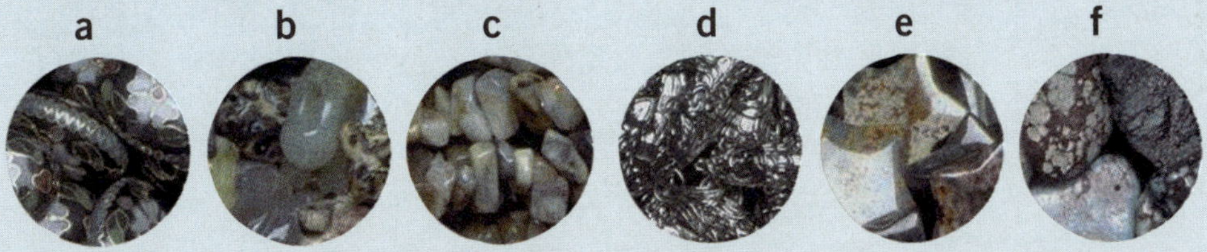

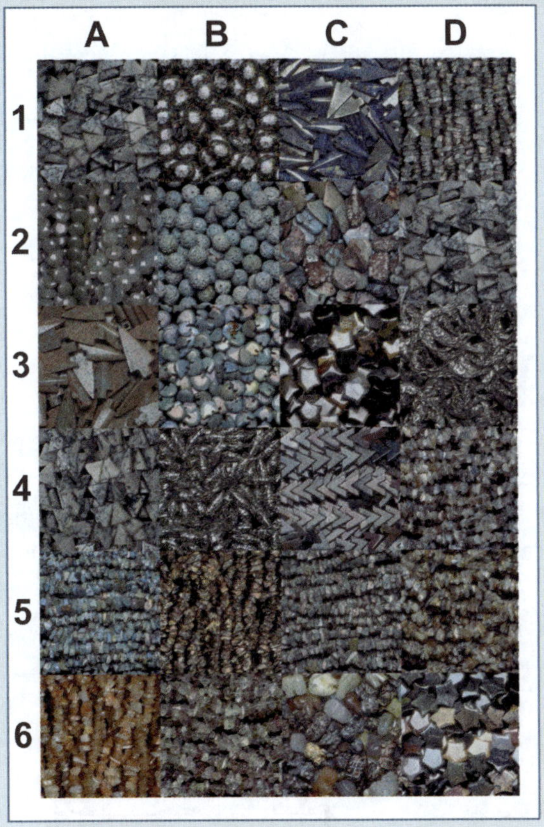

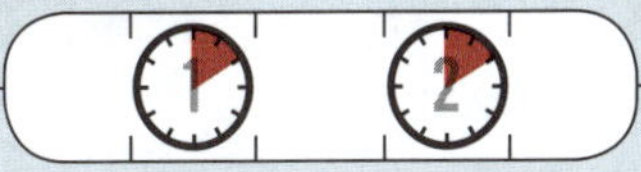

Lembre-se:

Se você terminar em menos de 1 minuto, marque o primeiro campo. Se levar entre 1 e 2 minutos, marque o segundo. E, se levar mais de 2, marque o terceiro.

3 Alfaméticas

5x3

Nas alfaméticas, cada letra, cor ou símbolo representa um número de 0 a 9. Se forem resolvidas de maneira correta, o resultado será uma soma aritmética válida. Diferentemente das somas convencionais, nesses cálculos, é mais fácil operar da esquerda para a direita.

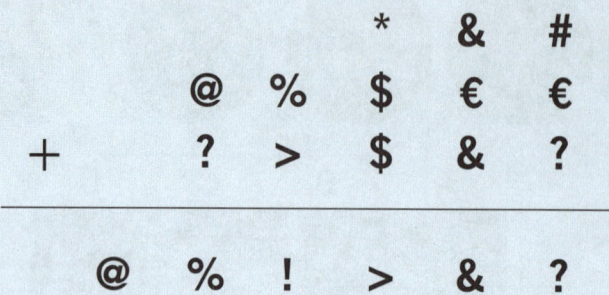

4 Salto do cavalo

abc

No tabuleiro de xadrez, o cavalo se movimenta em L, já que avança duas casas de lado e uma de frente, ou duas casas de frente e uma de lado, como indicado na ilustração ao lado. Começando no ponto marcado pela seta no tabuleiro, combine esses movimentos para formar uma frase.

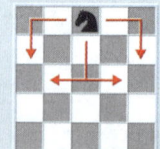

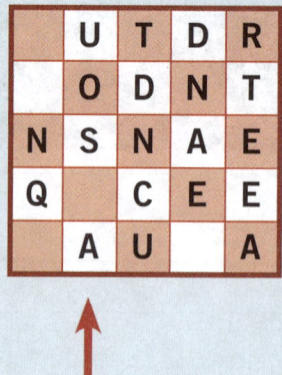

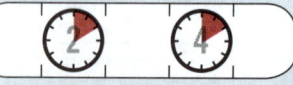

Batedeira de números

A partir dos números abaixo, à esquerda, você deve conseguir o resultado final (o número maior). Para isso, utilize as operações matemáticas básicas. Você tem que usar todos os números, na ordem em que aparecem.

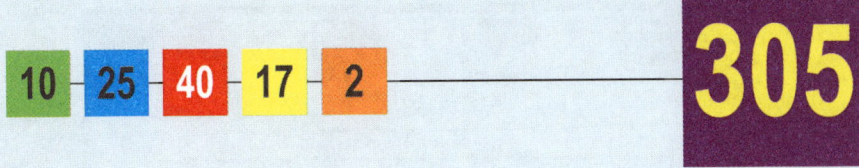

Acróstico

Este tipo de jogo original assume a forma de um antigo quebra-cabeça. Trata-se de desvendar as pistas e inserir as palavras nos campos quadriculados. Com as iniciais dessas palavras, você poderá formar uma palavra nova, que será a solução do jogo.

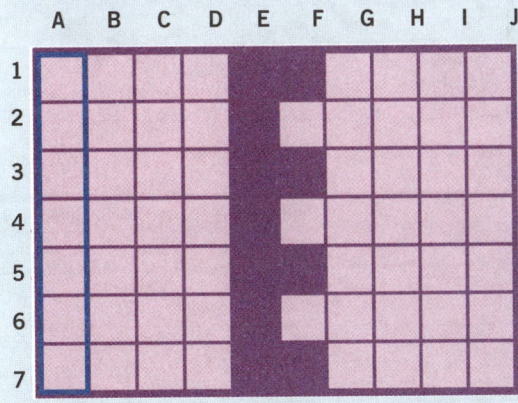

1. Líquido anestésico. Largo período sem chuvas.
2. Número de faces de um cubo. Pronunciar (para outro escrever).
3. Troféu esportivo. Semente de cereais.
4. Relativo à boca. Tipo de calçado esportivo.
5. Quitado. O segundo lugar.
6. A mesma coisa. Saudação de despedida.
7. Sintoma da fobia. Mulher formosa.

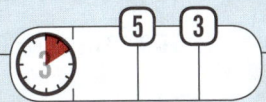

7 Direta

As definições destas palavras cruzadas se encontram nos campos azuis. Você simplesmente tem que descobrir a que palavra se refere cada uma e escrevê-la na direção indicada pela seta.

2/on, 3/bee, 5/cerol – líder – suíte, 9/desalento.

Preste atenção à própria linguagem não verbal durante o dia de hoje. Experimente escrever que diferenças você observa em sua forma de se expressar quando se comunica com alguém com quem mantém uma boa relação e com alguém com quem não se dá muito bem. Tente enumerar ao menos 10 diferenças que incluam elementos da linguagem não verbal.

8 Braille

As habilidades do homem, quando algum de seus sentidos falta, são fantásticas. É o caso da linguagem idealizada por Braille para os cegos, com base em combinações de seis pontos dispostos em uma lâmina de 2x3. Cada letra é definida pela série de pontos que se destacam, que podem ser identificados pelo toque. Parece impossível, mas esse sistema permite ler com bastante fluência. Aqui, não pusemos os pontos destacados, mas você deverá lembrar a que letra corresponde cada combinação de pontos para deduzir a palavra ou frase em questão. Para facilitar, damos uma dica.

Você precisa deles se quiser acertar o buraco.

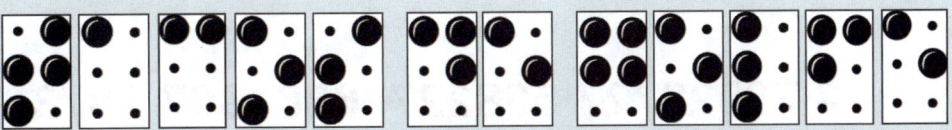

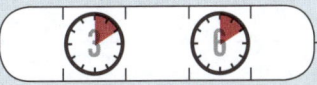

9. Enigma de letras

Leia e memorize esta sequência de letras, seguindo as instruções para encontrar a palavra escondida. Mas atenção: se a primeira letra aparecer no princípio e no final da sequência ou se aparecerem duas letras adjacentes repetidas, elimine-as. As letras são designadas pelo número que corresponde ao lugar que ocupam a cada momento. Tenha em mente que, se a letra mudar de lugar, seu número muda.

EXEMPLO:
Sequência que deve ser memorizada.
GRAOMR.
Instruções: Troque a 1 com a 2.
Troque a 3 com a 4.

SOLUÇÃO:
Troque a 1 com a 2: a nova sequência é RGAOMR.
Se eliminarmos os dois erres, sobra GAOM.
Troque a 3 com a 4: é a palavra final, **GAMO**.

SANPANÉ
Troque a 1 com a 6.
Troque a 3 com a 7.
Troque a 1 com a 3.

10. Criptograma

Criptograma é uma mensagem em código, e a criptoanálise consiste em decifrar a mensagem sem saber o código. Você é capaz de decifrar o provérbio a seguir com a ajuda das dicas?

DICAS

Cada número representa uma das letras nas teclas do telefone.
Um número não representa necessariamente a mesma letra sempre.

| 2: ABC | 3: DEF | 4: GHI | 5: JKL |
| 6: MNO | 7: PQRS | 8: TUV | 9: WXYZ |

2 72528727 568227, 6884367 787367.

11 Provérbio em fichas

Descubra o provérbio que estas fichas escondem.

12 Hieróglifo

Só vemos uma metade iluminada.

QUARTO

13 Labirinto de provérbios

Neste jogo, você deve começar por um campo e percorrer o labirinto através das linhas pretas. As sucessivas letras que você encontrar o levarão a descobrir um provérbio.

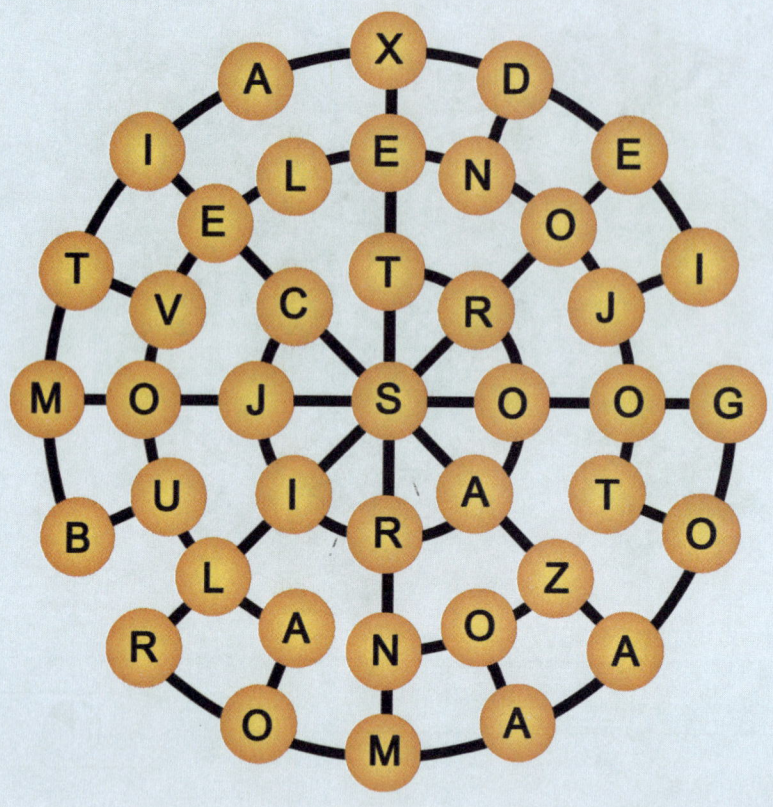

 **Dica:** resolva o exercício começando pelo campo central.

 Observe uma criança enquanto espera o ônibus ou está na fila do supermercado. Como é sua linguagem não verbal em comparação com a de um adulto? Como você poderia explicar essas diferenças?

 ## 3D

 Tínhamos três rosquilhas e partimos cada uma em duas partes. Você é capaz de formar os pares?

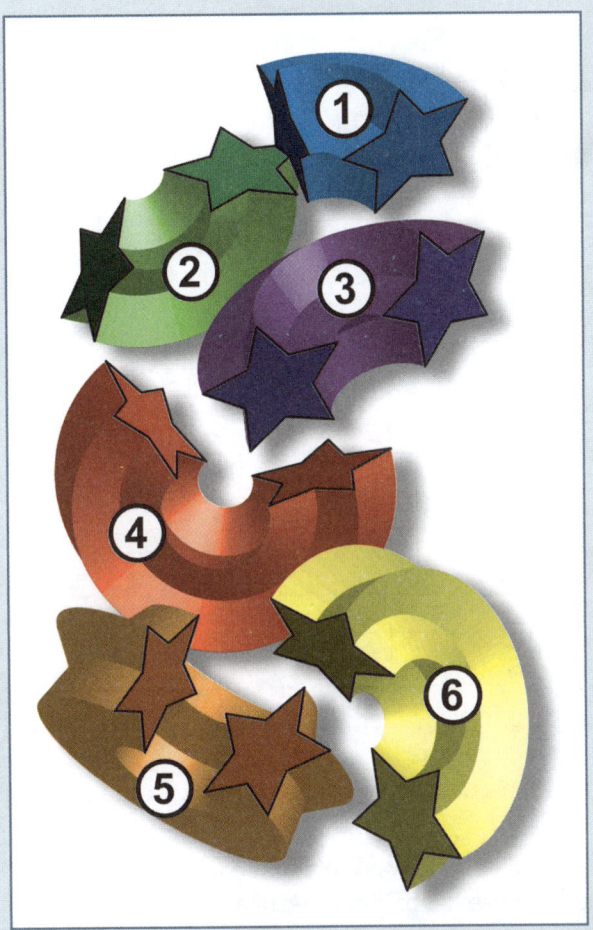

 Sente-se em frente à televisão e ponha em um canal estrangeiro ou tire o volume. Tente interpretar o que está acontecendo em uma conversa. Em que pontos você se baseou para fazer sua interpretação? Se você tiver companhia para fazer o exercício, certamente será mais enriquecedor.

Avaliação diária

Dia 1

1 [8 4 2]	2 [6 3 1]	3 [8 4 2]	4 [5 3 1]
5 [8 4 2]	6 [6 4 2]	7 [6 4 2]	8 [5 3 1]
9 [5 3 1]	10 [8 4 2]	11 [5 3 1]	12 [5 3 1]
13 [6 3 1]	14 [8 4 2]		Total [ ]

- Se você somou mais de **69** pontos, não baixe a guarda e seu cérebro continuará em forma.
- Se você conseguiu entre **35** e **69** pontos, obteve um resultado mediano. Se continuar treinando, pode conseguir melhores resultados.
- Se a sua pontuação não chegou a **35**, você precisa melhorar. Não desanime. Você está apenas no começo. Tudo é questão de treino.

Dia 2

Distinguir os níveis da comunicação

Para conseguir uma comunicação efetiva é importante ter em mente que todo ato comunicativo implica dois níveis distintos. Por um lado, transmite-se uma informação concreta, uma mensagem (por exemplo: "João, vá para casa."). Por outro, há informação sobre a relação entre o emissor e o receptor (essa frase pode ser dita por uma mãe ao filho, gritando por estar irritada, ou por um chefe a um empregado trabalhador). Este segundo nível, às vezes, está implícito ou é equivocado para os interlocutores. No entanto, é o mais importante e determina, em grande parte, como a mensagem é dita, ou seja, a linguagem não verbal. Se formos capazes de distinguir entre esses níveis, nossa comunicação será mais efetiva porque saberemos criar o clima adequado para cada conversa e, por outro lado, poderemos entender o que, na realidade, o interlocutor tenta nos dizer.

Estantes

Este jogo requer que você lhe aplique uma atenção toda especial, pois é o jogo das estantes. Consiste em observar o que uma estante contém antes e depois de ocorrer mudanças.

1. Qual é a estante mais cheia?
2. Que objeto ou objetos há à esquerda e não à direita?
3. Que objeto ou objetos há à direita e não à esquerda?
4. Quantos objetos diferentes há no total?

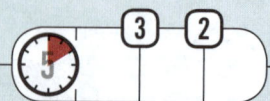

2 Atores

Neste jogo, mostramos as fotos retocadas de quatro atores muito famosos e as letras de seus nomes embaralhadas. Jogue com as letras para descobrir como se chama cada um deles.

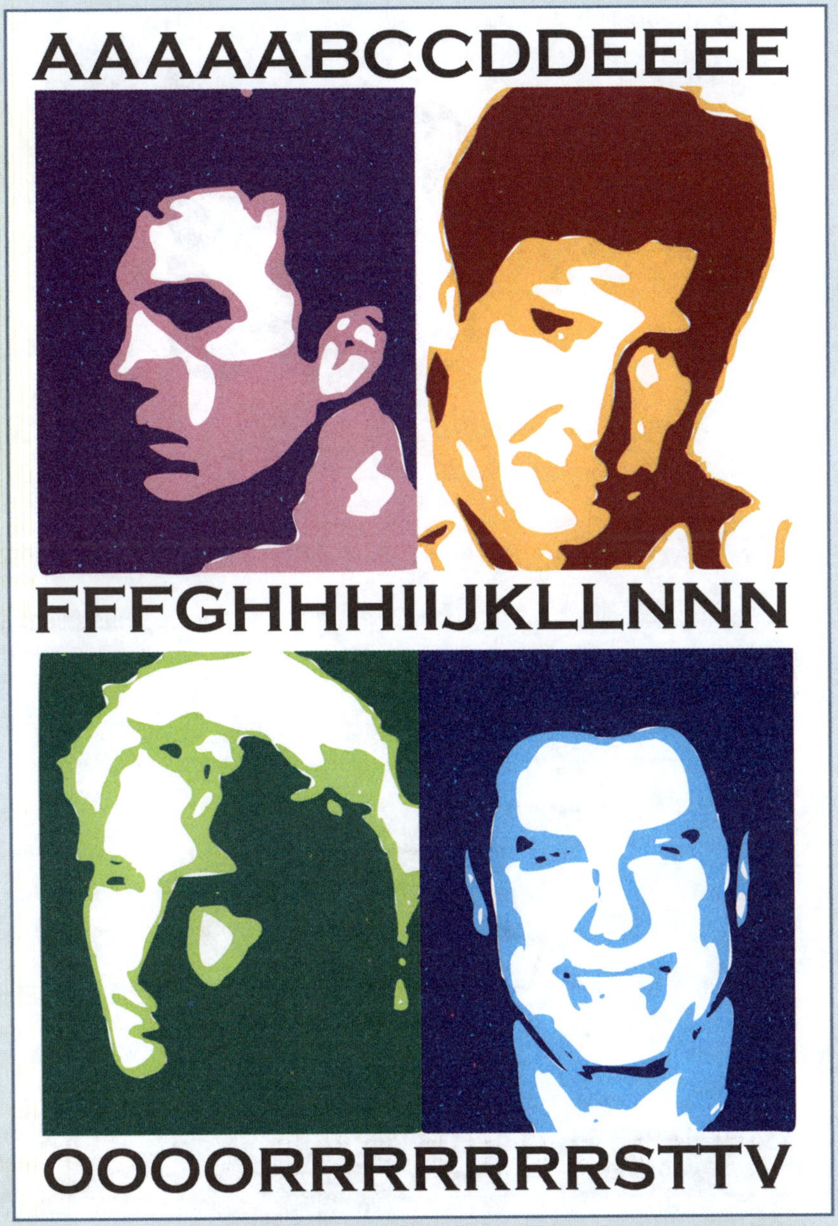

AAAAABCCDDEEEE

FFFGHHHIIJKLLNNN

OOOORRRRRRRRSTTV

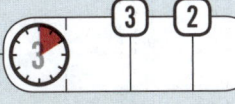

3) Contacubos

No jogo a seguir, você tem que aproveitar ao máximo sua capacidade de orientação espacial, já que o objetivo é somar cubos. Calcule quantos há na ilustração, sabendo que não pode haver cubos no ar que não se apoiem em outros até chegar ao plano que suporta a figura e que todos os dados estão em contato ao menos por uma de suas faces com outro dado.

4) O caixa

5x3

Imagine que você trabalha em um supermercado e que alguns clientes, apesar de bem-intencionados, não facilitam o troco. Calcule mentalmente qual é o troco que precisa dar a partir do dinheiro que recebe.

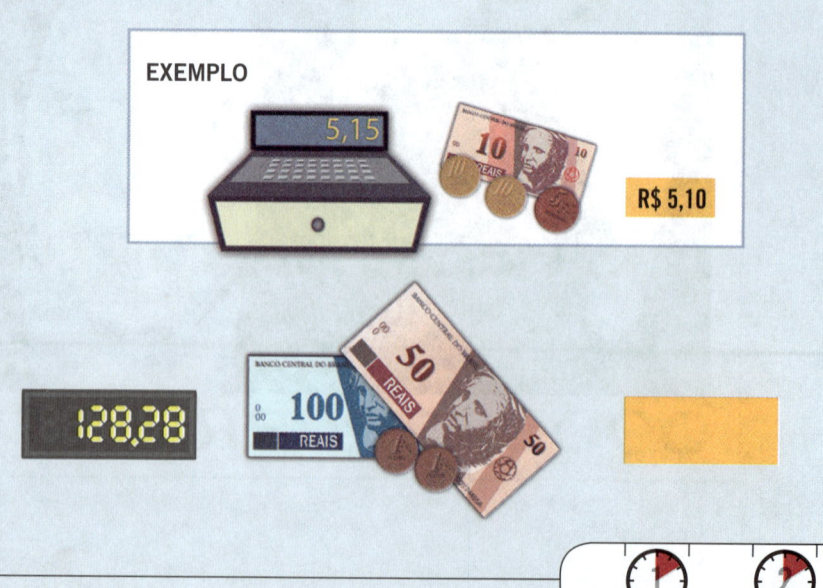

5 Em rede

Neste jogo, você deve formar uma palavra de catorze letras saltando de letra em letra. É preciso empregar todas as letras, mas apenas uma vez cada, e cada letra deve se unir à seguinte por uma linha.

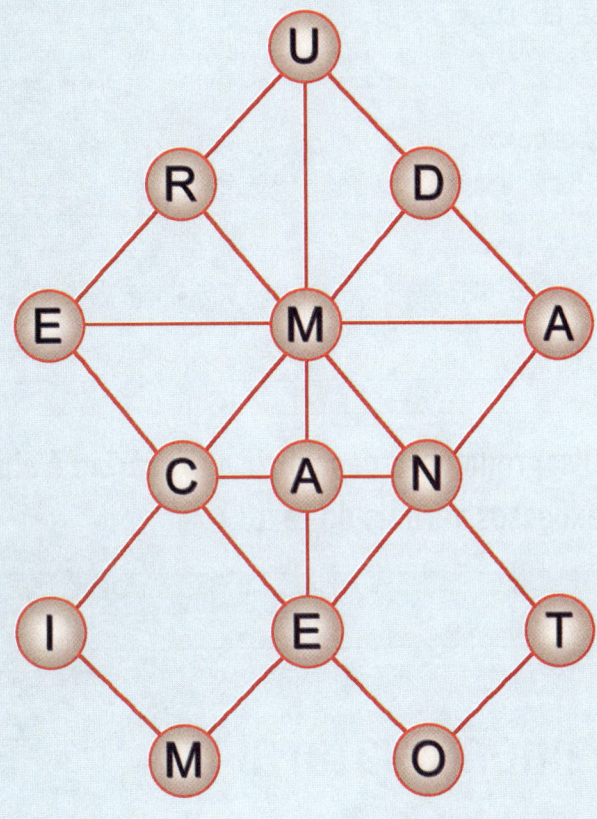

Tente fazer este experimento com alguém de confiança: dê-lhe uma mensagem paradoxal, ou seja, em que suas linguagens verbal e não verbal se contradigam (por exemplo, ofereça a vez para alguém passar enquanto cruza seu caminho) e observe os efeitos que esse gesto fará na outra pessoa. Preste atenção ao que ela responderá verbalmente, mas sobretudo em quais são seus sinais não verbais. O que você acha que irá acontecer?

25

6 Provérbio disfarçado

No texto a seguir, aparece um provérbio disfarçado com uma linguagem muito floreada.

EXEMPLO:
Todas as vezes em que a parte do corpo que contém o encéfalo não for capaz de raciocinar, a estrutura física do homem é que sofre as consequências.

SOLUÇÃO:
Quando a cabeça não pensa, o corpo padece.

Mamífero doméstico que emite vozes com força é limitado ao cravar os dentes em algo.

 O segredo para descobrir o provérbio é simplificar os excessos verbais do texto.

7 Pensamento lateral

A expressão "pensamento lateral" foi cunhada pelo doutor Edward de Bono e se refere a seu sistema de resolução criativa de problemas. A palavra "lateral" tem diversos significados: relativo a lado, situado ao lado, à parte, à margem etc. Este enigma foi pensado para exercitar sua capacidade de aplicar o pensamento lateral na hora de encontrar soluções que não estão aparentes à primeira vista. Aqui, propomos o seguinte:

Que letra completa a série?

SEANAO?

Enigma de letras

Leia e memorize esta sequência de letras. Siga as instruções para encontrar a palavra escondida. Mas atenção: se a primeira letra aparecer no princípio e no final da sequência, ou se duas letras seguidas se repetirem, elimine-as. As letras são designadas por um número que corresponde ao lugar que ocupam a cada momento. Tenha em mente que, se a letra mudar de lugar, seu número também mudará.

ICDBACB

Troque a 4 com a 5.
Troque a 1 com a 2.
Troque a 2 com a 3.
Troque a 6 com a 7.

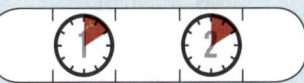

 ## Jogada de xadrez

Tente memorizar as peças do tabuleiro. Em seguida, cubra-o e escreva a jogada necessária para que as brancas ganhem em um único movimento.

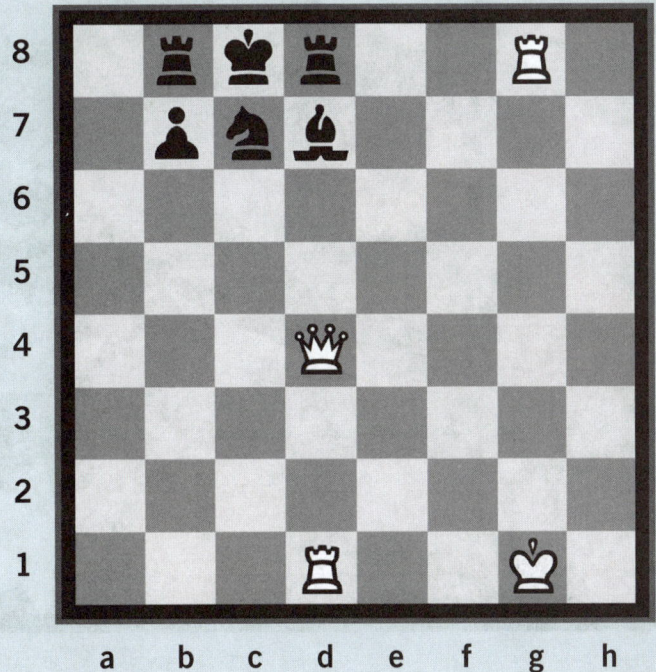

Correspondências

Você é capaz de identificar estas 16 flores? Como dica, damos a lista de seus nomes com as letras embaralhadas. Você deve ordená-las e fazer com que correspondam à sua imagem.

1. AADEEIIPRRRS
2. AAALMOP
3. AACÇENU
4. AACDELLNU
5. ACORV
6. AADIL
7. AAAHILMRV
8. AGILORSS
9. AEHINORST
10. AAADGIMRR
11. ACINORS
12. OLSUT
13. AEEF-IMOOPRRT
14. AEINPTU
15. AEILOVT
16. AIINNZ

Acróstico

Neste jogo, você deve seguir as pistas de cada linha do quadriculado e depois copiar as letras indicadas na citação. Na coluna A, aparecerá o nome do seu autor.

1. Cosmético labial. Patrão.
2. Ambiente marinho. Apogeu.
3. Propriedades; posses. Pintura; tela.
4. Prato típico da cozinha italiana.
5. Arma de pesca submarina. Produto de higiene.
6. Origem; casta. Dividir (despesas).
7. Hino religioso. Lindo; bonito.
8. Cada unidade de um bioma (Ecol.).
9. Jovem, em inglês. Pagamento de artistas.

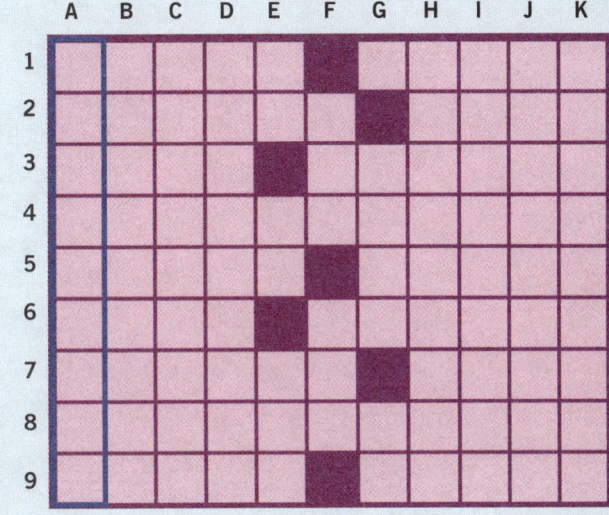

Frase célebre
F2 / D3; K5 / A7 / J9 / E5 / G5; D8 / I1 / J8 / C5 / F4 / A8; I3 / K1 / H4 / C7 / D9 / G1 / F8 / B1 / A4; K7; F3 / C9 / B3; E7; G9 / B7 / F6 / D6 / C6 / J5 / K3; H6 / C2 / E2 / H8 / J6; K2 / E8 / I9 / B9 / C3 / J4 / I7 / E4.

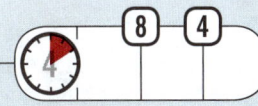

Uma forma fácil de fazer experiências com os dois níveis de comunicação é a seguinte: utilizando-se de gestos (nível de relação), incite ou iniba uma conversa com um desconhecido em um elevador ou outro lugar público do mesmo tipo.

Círculo de palavras cruzadas

Este círculo de Diretas tem cinco definições. Suas respostas seguem o sentido horário. O final de cada palavra se sobrepõe a uma ou várias letras do início da palavra seguinte. Damos algumas letras como dica.

1. Lista de preços.
2. Fecho plástico de malotes.
3. Molhar as plantas.
4. Rejeita.
5. Ter conhecimento.
6. Fórmula culinária.

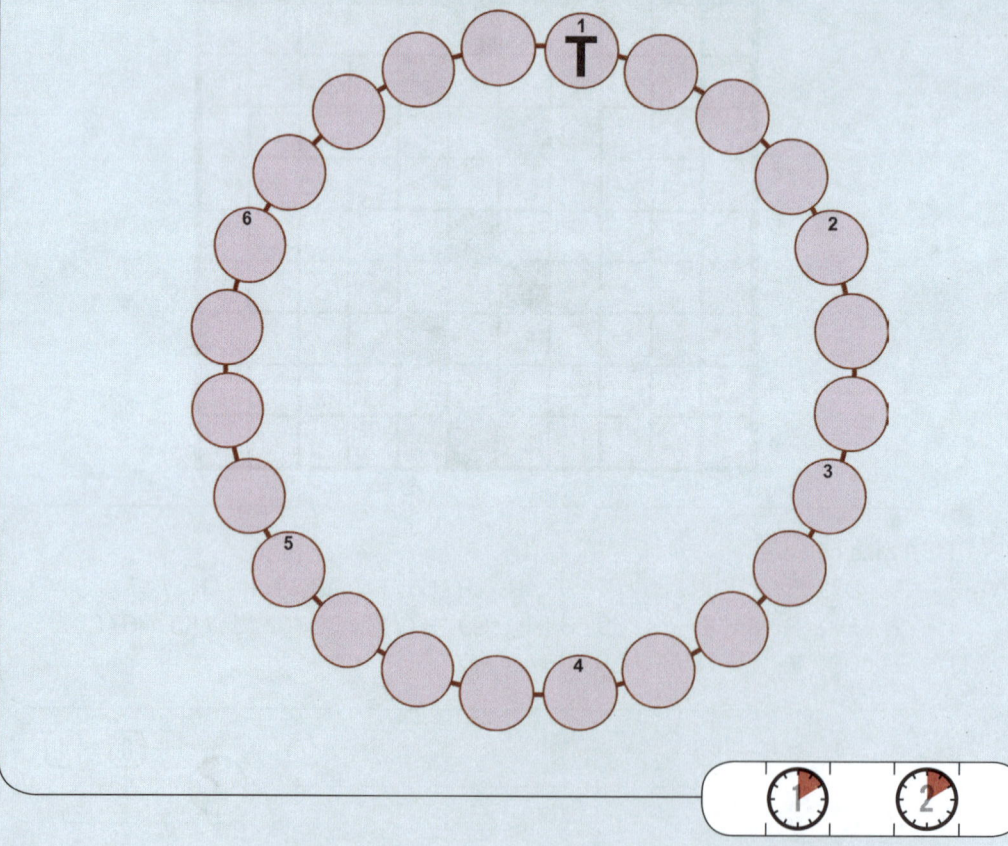

 Quando você ouvir uma mensagem com uma entonação ambivalente, pergunte SEMPRE em que sentido deve interpretá-la. Do contrário, vai se perder no nível de relação, e assim a comunicação se tornará confusa!

Dominó

 Neste jogo, você deve se concentrar nos dois conjuntos de fichas e, sem contá-las, marcar no quadrado abaixo qual dos dois conjuntos tem mais pontos. Depois, você pode contar as fichas para conferir se acertou ou consultar a solução.

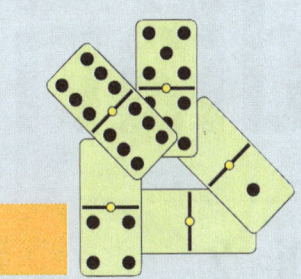

Embaralhadas

 Ordene as letras desse exercício de forma adequada e você poderá descobrir a palavra oculta.

⭐ **Dica: trata-se de um nome de ave.**

Avaliação diária

Dia 2

1	8 4 2	2	8 4 2	3	6 3 1	4	8 4 2
5	6 4 2	6	5 3 1	7	8 4 2	8	6 3 1
9	8 4 2	10	8 4 2	11	6 3 1	12	6 4 2
13	6 3 1	14	6 3 1			Total	

- Se você somou mais de **73** pontos, parabéns! Tente continuar no mesmo nível amanhã.
- Se conseguiu entre **36** e **73** pontos, obteve um resultado mediano. Com a prática diária, você chegará muito longe.
- Se a sua pontuação não atingiu **36** pontos, você precisa melhorar. Continue jogando com atenção e amanhã certamente alcançará resultados melhores.

Dia 3

Saber escutar

Uma condição *sine qua non* (essencial) da comunicação eficaz é saber escutar. Este elemento fundamental exige que prestemos atenção máxima em nosso interlocutor, tentando entender não só o que ele nos expressa diretamente, como também os sentimentos, as ideias ou os pensamentos que subjazem ao que é dito. Para entender alguém, é preciso se pôr no lugar da outra pessoa, ou seja, saber usar a empatia. Lembre-se de que sentir-se ouvido resulta em atitudes positivas com relação à pessoa que escuta, pelos benefícios que isso envolve.

Retícula

Ponha cada peça na retícula até preenchê-la por completo. Para facilitar o exercício, mostramos as peças com a posição final que terão no tabuleiro.

2) Jogo com fósforos

Mova 3 fósforos para formar 3 quadrados.

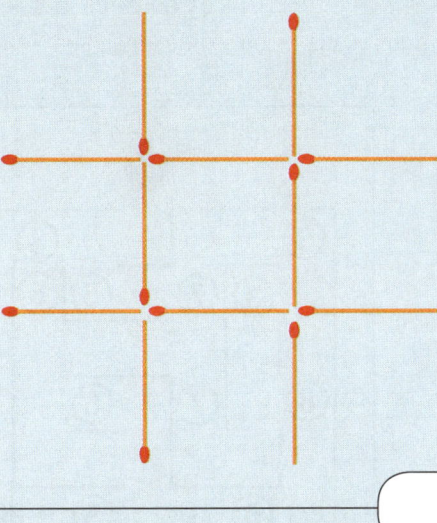

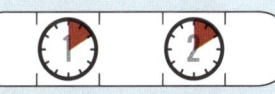

3) Kakuro

5x3

Os kakuros são para os números o que as palavras cruzadas são para as letras. Assim, trata-se de completar os campos, levando em conta que o número que aparece nos campos pretos seria o equivalente às definições, ou seja, representam a soma dos números de uma fila ou coluna. Todos são números de 1 a 9 e não podem se repetir em um mesmo bloco de uma mesma fila ou coluna.

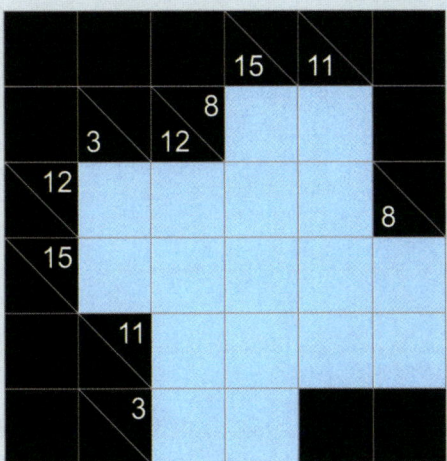

4 Labirinto numérico

5x3

Comece, no labirinto numérico, pela entrada indicada pela seta e encontre um caminho somando os valores dos círculos pelos quais for passando. Você consegue chegar à saída sem passar duas vezes pelo mesmo lugar, sem retroceder, e somar 42 pontos?

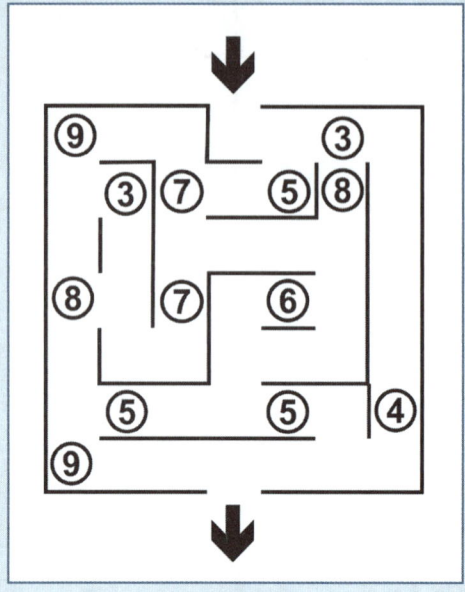

5 Adivinhação

a b c

Por que, ao procurar algo que desapareceu, você acaba encontrando no último lugar em que olha?

Faça um esforço para escutar o interlocutor sem precisar responder alguma coisa. Não gaste sua energia mental pensando no que irá dizer. Utilize-a para compreender melhor o outro.

6. Pirâmide de palavras

Neste jogo, cada resposta é formada pelas mesmas letras da anterior, mais uma letra acrescentada que você deve averiguar. As dicas ajudarão a encontrar cada uma das soluções.

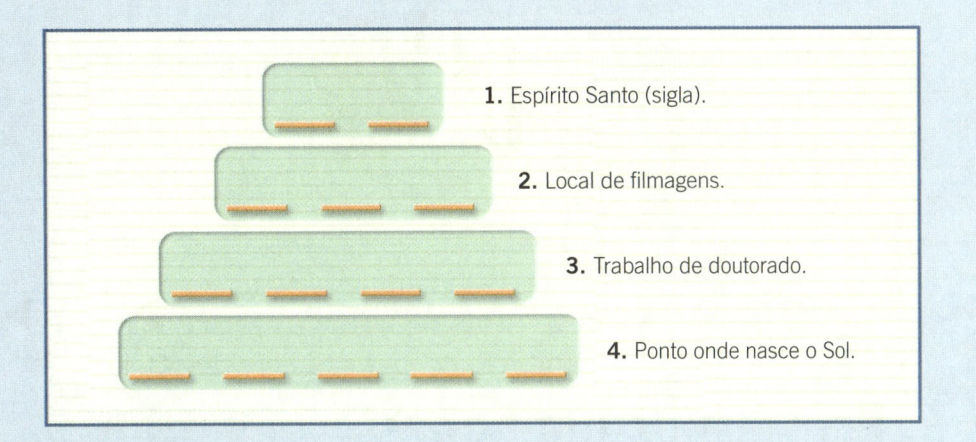

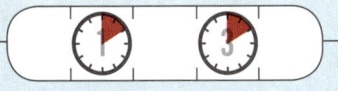

1. Espírito Santo (sigla).
2. Local de filmagens.
3. Trabalho de doutorado.
4. Ponto onde nasce o Sol.

7. Bandeiras

As bandeiras, além de muito coloridas, servem para muitos jogos de lógica. Para começar, você deverá identificar a que países elas correspondem, o que já traz uma certa dificuldade. Depois, deverá descobrir o critério seguido na disposição das bandeiras.

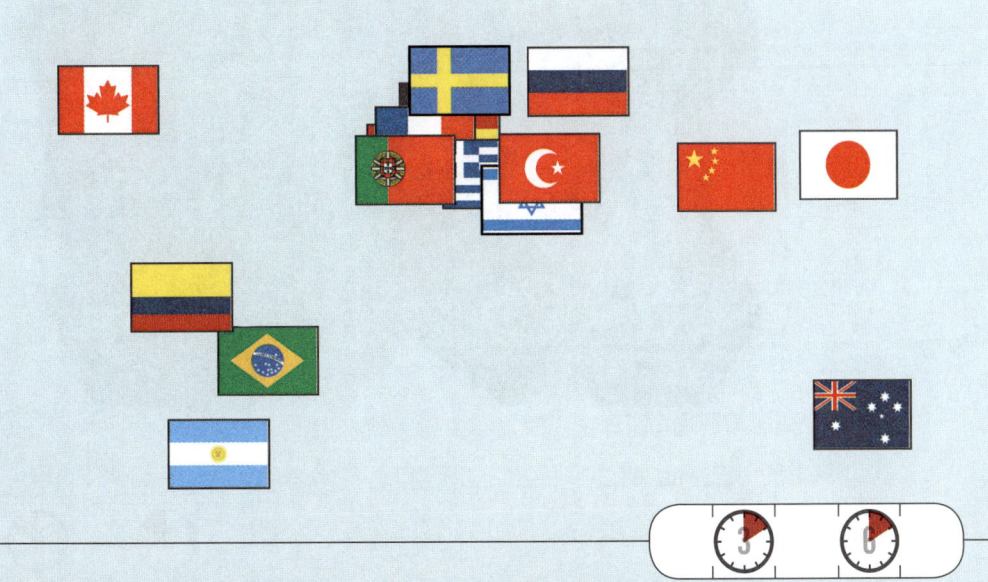

8 Hieróglifo

Elemento.

9 Provérbios em fichas

Nas fichas que formam este jogo, há dois provérbios misturados. Você sabe quais são?

10 Bandeiras marítimas

Na Antiguidade, os barcos utilizavam bandeiras para transmitir mensagens uns aos outros. Cada bandeira era estudada para que se tornasse totalmente diferente das demais, sobretudo a distância. A seguir, você pode vê-las com as letras que representam. Estude-as bem porque logo depois deverá tapá-las para descobrir a palavra oculta, com a ajuda de uma dica.

Entretenimento.

11 Animais

Observe o zoológico abaixo durante o tempo que quiser, mas memorize a letra a que cada animal está associado. Em seguida, cubra todo o zoológico e tente "ler" a palavra do exercício. Para facilitar, damos uma dica.

Para ver com um olho.

12 Acróstico

Neste jogo, você deve desvendar as dicas de cada fila do quadriculado e depois copiar as letras indicadas na citação. Na coluna A, aparecerá o nome de seu autor.

1. Sugestão útil. Local do jogo de basquete.
2. Estimado; querido. Espaço vazio e sem ar.
3. Utensílio de escrita. Acordo; tratado.
4. Atividade como a Pintura. Capital do Estado do Amapá.
5. Nativo do Brasil. Ataque (bras. pop.).
6. Diversão; brincadeira. Corajoso; valente.
7. Permissão. Escolhido; especial.
8. Que excede em tamanho. Peças do castiçal.
9. Amolar a faca. Depósito de roupa suja.

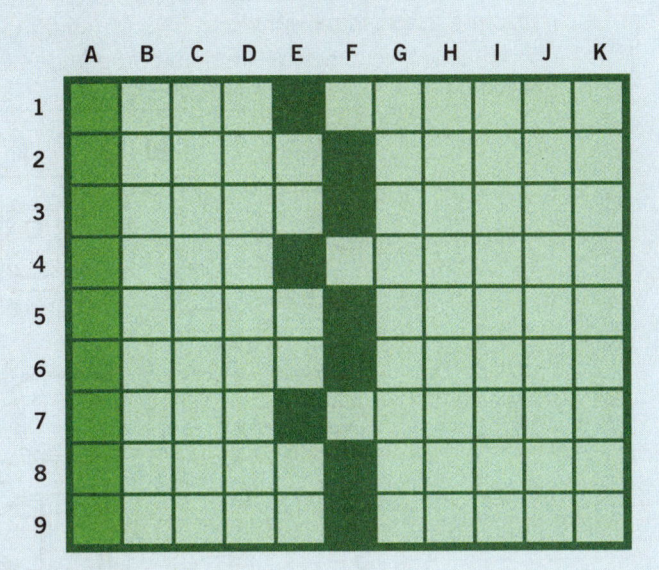

Frase célebre

"C5 / H9; K1; F1 / H5 / D4 / A8; G8 / E2 / I3 / D6; D1 / B2 / J8; C7 / I9 / B6 / E3; J4 / B3 / I5 / A7; G2 / K3 / D9 / H6; E9 / H1 / A5 / C6 / G7 / K8; G3 / B8 / J1 / C2; B7 / E5 / H7 / J9 / A9 / E6; I7 / F4 / D8 / J5 / C9 / J6 / K2 / F7; C3 / A2 / E8 / A4; B9 / B1 / H4 / I6 / B4."

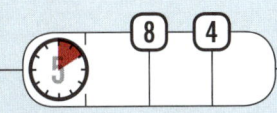

Se você oferecer ao outro sinais verbais de que está escutando, isso facilitará a comunicação. E você pode fazê-lo através de diferentes recursos, como parafrasear, verificar ou dizer com as próprias palavras o que o emissor parece sempre dizer: "Então, pelo que vejo, o que aconteceu foi que..." ou "Quer dizer que você se sentiu...?".

13 Pontos de vista

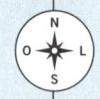

Abaixo, você pode ver vários sanitários de três ângulos diferentes (planta, frontal e lateral). O exercício consiste em marcar os três ângulos de cada um deles. Como cada imagem é associada a uma letra, ao pôr em ordem as letras de cada um dos ângulos dos sanitários, você obterá um nome próprio de três letras.

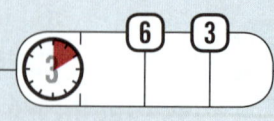

Demonstre interesse com sua linguagem não verbal. Mantenha contato visual. Você pode assentir com a cabeça, inclinar ligeiramente o corpo em direção à pessoa e adotar uma postura relaxada e aberta.

14 De cabeça para baixo

Quando vemos uma foto de alguém de cabeça para baixo (boca para baixo), costuma ser muito difícil identificá-la. A visão nos engana e parece que os sentidos se voltam contra nós. Por exemplo, não gire o livro ainda e veja se é capaz de descobrir quem é a atriz da ilustração. É provável que você acabe acertando, mas temos quase certeza de que será difícil descobrir. Já tem uma candidata? Desiste, então? Em qualquer dos casos, gire o livro e a identificará facilmente. Para que você veja que não é um truque, torne a endireitar o livro e, mesmo sabendo quem é, não será fácil identificar seus traços. Agora tente identificar estes oito atores sem girar o livro.

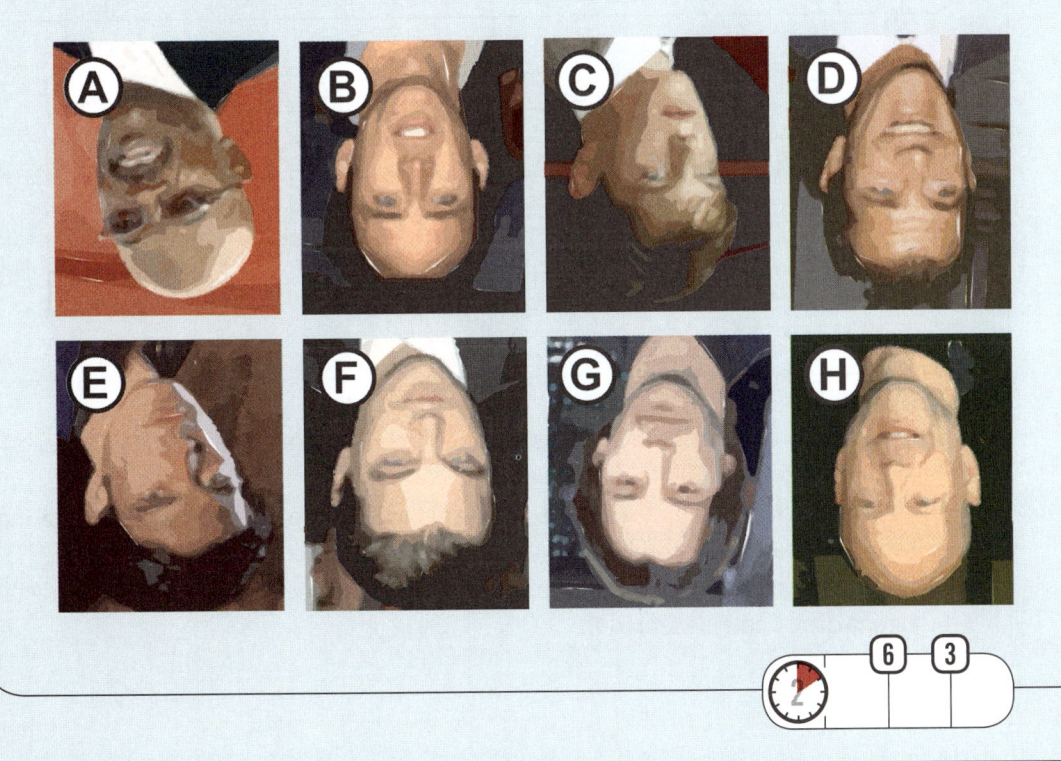

É preciso **EVITAR** a todo custo interromper aquele que fala, julgá-lo, oferecer ajuda ou soluções prematuras e resistir ao que ele está sentindo (ao dizer, por exemplo: "Não se preocupe, isso não é nada").

Avaliação diária

Dia 3

1 [8 4 2]	2 [8 4 2]	3 [8 4 2]	4 [8 4 2]
5 [6 4 2]	6 [5 3 1]	7 [8 4 2]	8 [8 4 2]
9 [8 4 2]	10 [8 4 2]	11 [8 4 2]	12 [8 4 2]
13 [8 4 2]	14 [8 4 2]		Total [ ]

- Se você somou mais de **81** pontos, muito bem! Em meia semana, você já chegou a um nível alto.
- Se você conseguiu entre **41** e **81** pontos, obteve um resultado mediano. Está indo bem. Continue nesse caminho.
- Se a sua pontuação não chegou a **41** pontos, você precisa melhorar. Ainda restam alguns dias. Continue tentando.

Dia 4

Evitar subentendidos

Um fenômeno muito comum que dificulta a comunicação é a tendência em fazer suposições sobre o que se quer dizer (com frases como "você já sabe o que quero dizer", "você me entende" etc.) ou, por outro lado, interromper o discurso de quem fala dando por entendido o que falta. Esse tipo de prática costuma mergulhar os interlocutores num mar de confusão.

1 A parte

Nesta imagem, fizemos um buraco. Abaixo da ilustração, mostramos cinco partes, mas só uma se encaixa no buraco. O objetivo é saber qual.

Durante o dia de hoje, anote em um papel quantas vezes você escuta — de outras pessoas ou nos meios de comunicação — expressões tais, como: "você já sabe" ou "você me entende". Em seguida, reflita: quantas coisas você acredita que ficaram por dizer?

2 Tangentes

Neste jogo, primeiro você deve pensar e usar a lógica. Depois, passar à ação. Para resolvê-lo, deve desenhar nos quadros abaixo um círculo que seja tangente aos três de cada imagem. Evidentemente, cada círculo que você desenhar deve resolver de forma distinta a mesma proposta. Não há tantas possibilidades quanto quadros.

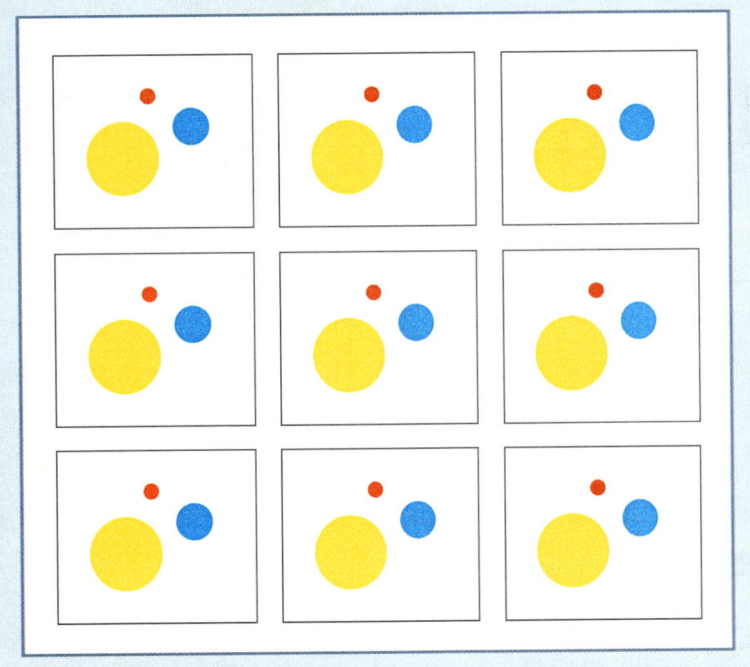

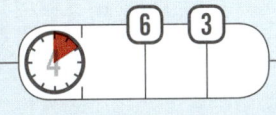

3 Triângulos mágicos

5x3

Preencha os três triângulos com os números de 1 a 6, de modo que a soma dos três números de cada lado dê o mesmo resultado, chamado de soma do triângulo mágico.

★ Uma dica para facilitar este exercício: o resultado das somas do primeiro triângulo deve ser 10; do segundo, 11; e do terceiro, 12.

4 Fichas em branco

5x3

Neste exercício, você deve pôr as fichas que estão debaixo sobre as que aparecem em branco, de forma que os pontos somem as quantidades indicadas em ambas as margens.

5 Entre parênteses

Escreva, entre os parênteses de cada item, duas letras que sirvam para terminar uma palavra que comece com as letras da esquerda e para começar outra palavra que termine com as letras da direita.

1. AZ (* *) CO
2. RO (* *) NO
3. PU (* *) NA
4. VA (* *) MA

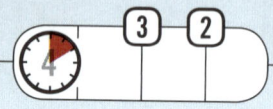

6 Calendários

Uma das folhas falha.
Qual é a folha do calendário que não segue a lógica?

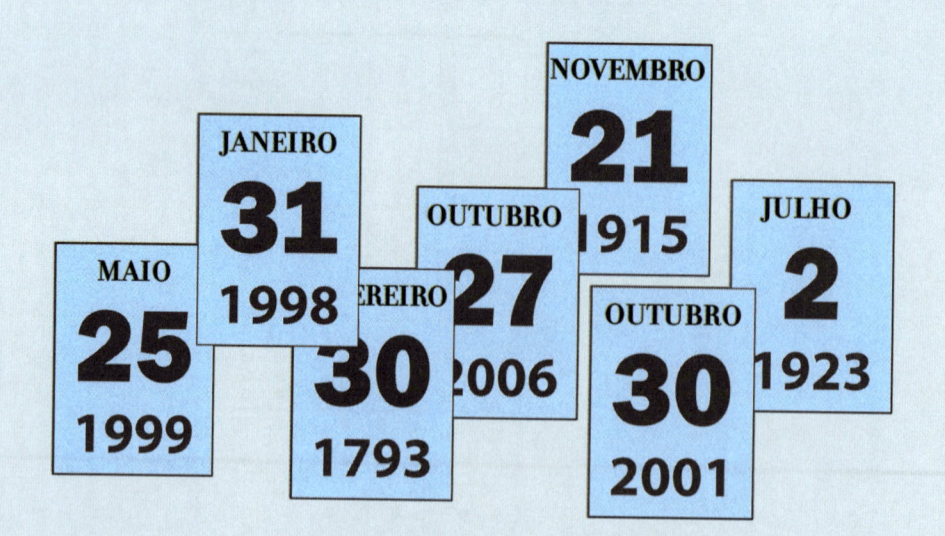

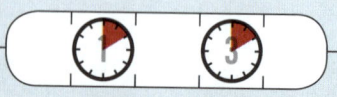

NOVEMBRO 21 1915
JANEIRO 31 1998
OUTUBRO 27 2006
JULHO 2 1923
MAIO 25 1999
FEVEREIRO 30 1793
OUTUBRO 30 2001

7 Em comum

Qual é o país formado por tantas letras quanto os da lista e que, além do mais, tem três letras em comum com cada um deles, menos com um, com que compartilha quatro?

BRASIL MÉXICO QUÊNIA ISRAEL BRUNEI

8 Combinações

Com uma série de letras, muitas palavras podem ser formadas trocando-se-as de maneira adequada e utilizando uma de cada vez. Por exemplo, se lhe disséssemos ALOPTSI (7 letras), seguramente você encontraria palavras de menos de 7 letras, como SI, ATO, PATO, ASILO e POSTAL, o que já seria um bom treinamento, mas, agora, que palavra você consegue formar combinando todas as letras que lhe damos neste exercício?

CLOMAUGEA

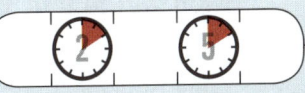

9 Países ocultos

Cada uma destas frases esconde o nome de um país, do mesmo modo que a frase "O andor rachava, mas as imagens dos santos eram sempre preservadas" contém "Andorra".

1. Senhor Klaus, triagem e cadastro são feitos no outro departamento.
2. O cão-guia não pode ser impedido de entrar no restaurante com seu dono.
3. Carmen ia todos os dias ao supermercado atrás de promoções.
4. Mira que você acerta o alvo.
5. Licor de cereja, pão e leite são alguns dos ingredientes necessários.

Quando alguém que esteja falando com você utilizar uma expressão do tipo "você já sabe", não admita que sim. Não perca a oportunidade de perguntar exatamente o que é que esse alguém quer dizer com isso. Você pode se surpreender ao descobrir que são justamente esses esclarecimentos que nos trazem as informações mais valiosas.

Perca o medo de passar aquela imagem negativa de quem custa a entender as coisas. Pergunte sempre quando não entender algo, tanto sobre a linguagem verbal quanto sobre a não verbal. Isso evitará que você caia na armadilha dos subentendidos. Não tenha dúvida alguma: para uma correta decodificação da mensagem é preciso perguntar em vez de supor.

10. Ler textos e responder perguntas

Você compreende bem os textos que lê? É capaz de recordá-los com todos os detalhes? O exercício a seguir testará sua memória. Leia o relato uma única vez, com atenção a todos os detalhes. Depois, responda às perguntas sem voltar a consultar o texto.

Pedro é uma pessoa comum. Madruga, como a maioria, para começar a trabalhar às 8h da manhã. Passa a primeira hora ainda com sono. Depois de tomar um café e comer um biscoito, pega o carro às 7h30 para chegar ao escritório na hora certa. Quando tudo corre bem, ele é pontual, mas, nesse horário, nunca se sabe o que as ruas nos reservam. De todo jeito, como não é preciso bater ponto e seu chefe não é de madrugar, Pedro pode se dar ao luxo de chegar um pouco depois do horário. Passa a manhã toda trabalhando no computador. Tem apenas 20 minutos de descanso. Quando dá uma e meia, vai ao restaurante no andar abaixo do escritório acompanhado de Marta e José. Eles comem e descansam durante uma hora para depois terminar a jornada de trabalho às 17h30. Isso quando tudo corre bem. Do contrário, ainda têm que ficar um pouco mais. Quando Pedro sai do trabalho, gosta de beber alguma coisa com os amigos, ler ou ir à academia. À academia, vai às terças e quintas. Nos fins de semana, não faz nada especial. Levanta tarde, lê jornal e visita os pais num bairro mais afastado. Sua vida, segundo ele, não é muito emocionante. Ele gostaria de viajar e conhecer mais o mundo.

1. Como se chama o protagonista?
2. A que horas ele começa a trabalhar?
3. O que come no café da manhã?
4. A que horas ele pega o carro?
5. Seu chefe madruga?
6. Com o que ele trabalha?
7. Quanto tempo dura o descanso da manhã?
8. Como se chamam seus colegas?
9. A que horas sai do trabalho?
10. A que dedica seu tempo livre?
11. Em que dias vai à academia?
12. O que faz no fim de semana?
13. O que ele gostaria de mudar em sua vida?

11 Alfabeto com desenhos

Observe este conjunto de ilustrações durante o tempo que for preciso. Procure alguma relação entre as letras e as imagens para se lembrar mais facilmente. Em seguida, tape-as com uma folha de papel e tente ler a palavra escrita com estes desenhos.

Imortaliza o movimento.

12 Entorno científico

Neste exercício, você deve descobrir os nomes popular e científico do animal da fotografia. Para isso, conta com uma imagem, o criptograma de suas letras (a letras iguais correspondem números iguais) e uma frase alusiva ao tema. Em volta da foto e começando pelo campo colorido, você deverá anotar o nome popular e, no quadriculado abaixo, anotar o nome científico. As letras que aparecem somente no nome científico já estão impressas.

> Mensagem escrita com o mesmo código de correspondência de números e letras: 2, 3, 9, I, 2, D, 2, 1, 2, 3, 2, É, 5, 4, E, Z, E, 9, 9, 5.

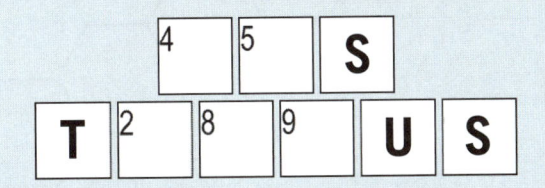

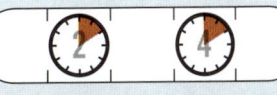

55

13 Hexagramas

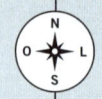

Os hexagramas são quebra-cabeças matemáticos que desafiam a visão espacial e possuem apenas uma regra básica: nas peças que estão em contato, as cores que se tocam devem coincidir.

Na ilustração de cima, você tem o modelo do que deve reconstruir. Na do meio, estão as doze peças do jogo que selecionamos para montar o modelo. E na imagem hexagonal abaixo, você deve colorir sua solução. Em cada hexágono, você terá que desenhar suas formas e colori-los (ou riscá-los, se tiver apenas um lápis) para distinguir uns dos outros. As peças não foram giradas e estão todas na posição correta.

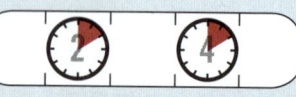

14 Silhuetas

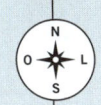

1. Qual se repete três vezes e qual aparece apenas uma vez?
2. Quantos ginastas há no total?
3. Qual é a cor mais abundante?

Avaliação diária

Dia 4

1	6 3 1	2	8 4 2	3	6 3 1	4	8 4 2
5	6 4 2	6	6 3 1	7	8 4 2	8	6 4 2
9	6 3 1	10	8 4 2	11	6 3 1	12	8 4 2
13	8 4 2	14	8 4 2			Total	

- Se você somou mais de **75** pontos, muito bem! Tente obter o mesmo amanhã.
- Se você conseguiu entre **37** e **75** pontos, obteve um resultado mediano. Jogar e continuar praticando é o caminho para se chegar ao nível máximo.
- Se a sua pontuação não chegou a **37**, você precisa melhorar. Há mais oportunidades de treino. Continue se esforçando.

Dia 5

Praticar a assertividade

A assertividade é um estilo de comunicação muito efetivo quando temos que abordar temas complexos ou que geram conflito entre os interlocutores. Implica a habilidade de expressar nossos desejos e sentimentos (positivos e negativos) de maneira amigável, franca, aberta, direta e adequada, podendo expor nosso ponto de vista sem atacar nem ser atacado pelos outros. Toda comunicação assertiva centra-se nos feitos ou nas condutas, não em julgar as intenções nem as pessoas; comunica os sentimentos e pensamentos com clareza; descreve de modo concreto e preciso o que queremos que a outra pessoa faça e especifica as consequências, ou seja, aquilo que acontecerá quando a outra pessoa fizer o que lhe foi pedido.

1 Labirinto

Um labirinto grande. Você pode utilizar qualquer coisa (um lápis ou um ponteiro se não quiser desenhar no livro) para seguir o caminho sem perdê-lo de vista. Deve entrar pela seta vermelha e sair pela verde.

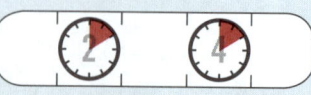

2 Matrizes

Cada um dos campos brancos deste jogo contém a mistura de linhas vista nos quadros de cima (amarelos) e laterais (azuis), mas algumas estão mal posicionadas e não correspondem aos desenhos. Você é capaz de descobrir quais são elas?

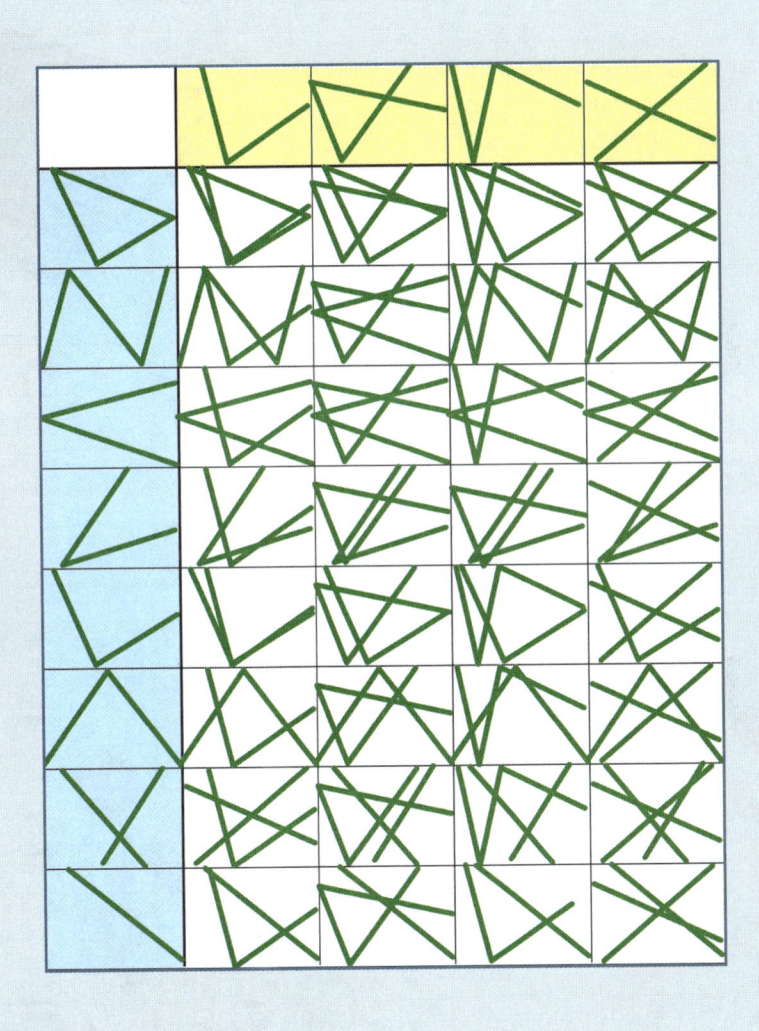

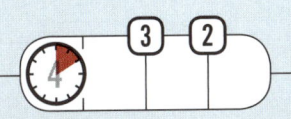

3 Problema

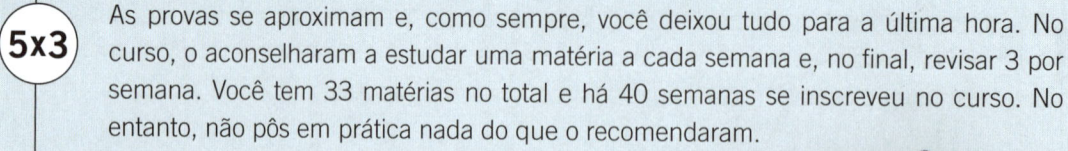

5x3

As provas se aproximam e, como sempre, você deixou tudo para a última hora. No curso, o aconselharam a estudar uma matéria a cada semana e, no final, revisar 3 por semana. Você tem 33 matérias no total e há 40 semanas se inscreveu no curso. No entanto, não pôs em prática nada do que o recomendaram.

Quantas matérias você tem que estudar agora, em cada semana pelo tempo que resta até o dia do exame, levando em conta que vai deixar de estudar uma delas?

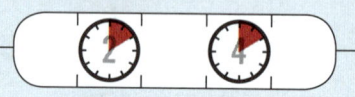

4 Bolas e dados

5x3

Você consegue substituir as bolas que estão entre os dados pelos sinais corretos para que se cumpram as igualdades verticais e horizontais?

● = − ×
● = +
● = − +
● = −
● = ×
● = × +

= 13
= 7
= 1

= 36   = 18   = 10

5 Jogada de xadrez

Diferente do jogo que apresentamos antes, você agora não tem que memorizar as peças do tabuleiro, mas, sim, empregar a lógica para comprovar como as peças brancas ganham em um único movimento.

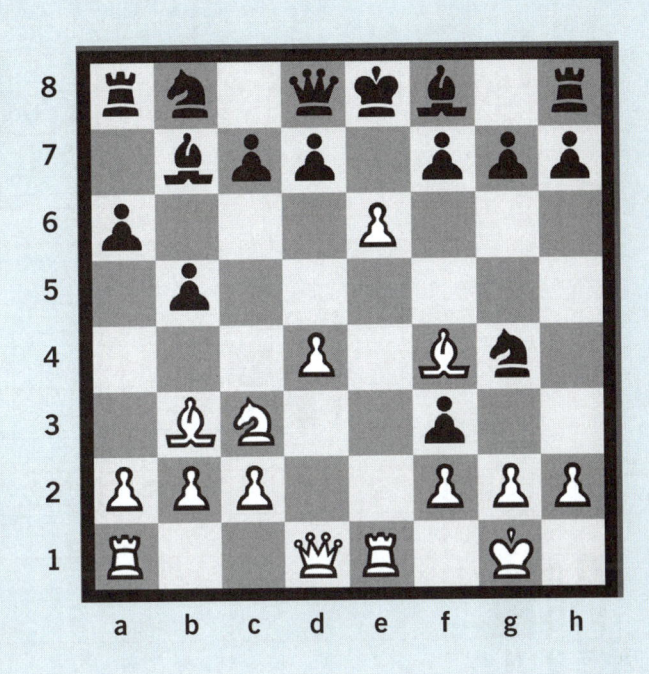

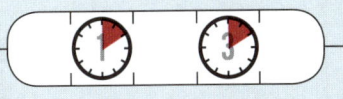

Durante o dia de hoje, cada vez que você falar com alguém sobre seu comportamento, tente seguir esta sequência: fale sobre feitos ou condutas sem julgar as intenções nem a pessoa (você deve ficar atento a todas as frases que começam com "você é um/uma...") e depois explique como se sente com isso. Observe como os outros reagem a suas palavras.

6 Blocos

Diferentemente dos outros jogos deste tipo, aqui você não tem definição alguma de palavras para lhe servir de ajuda. No entanto, depois de encaixar todos os blocos, descobrirá o trecho de uma música.

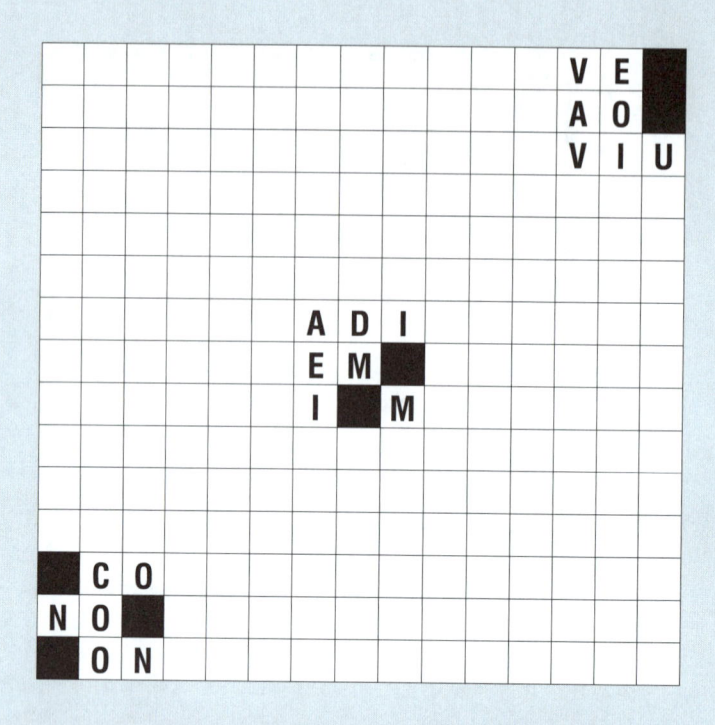

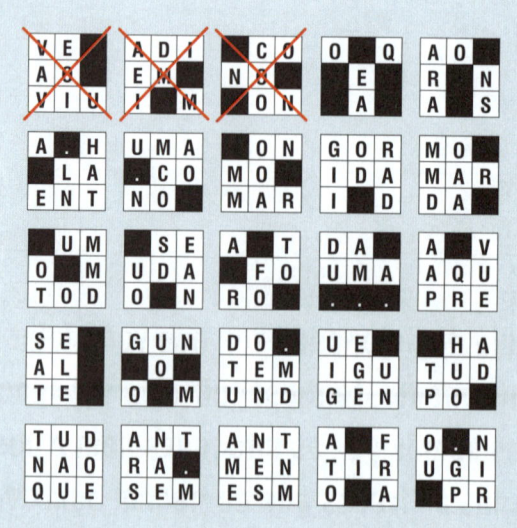

7 Palavra oculta

Para encontrar a resposta deste jogo de palavras, é preciso resolver o enigma escondido em algum lugar da frase a seguir. Tenha em mente que as letras podem estar desordenadas ou separadas.

> **EXEMPLO:**
> De pouca altura, inferior (4) = alto. A definição contém, na ordem correta, mas alternadas, as letras de uma palavra que tem o significado contrário à palavra definida. O número entre parênteses indica quantas letras tem a solução.

> Parte inferior de uma coisa, em direção à que está mais baixa. (5)

Um truque muito útil para manter uma comunicação assertiva quando alguém nos critica é a técnica denominada banco de nevoeiro. Consiste em neutralizar a crítica, aceitando-a sem defesas nem justificativas para poder seguir com nosso discurso. Um exemplo seria: a "você é lerdo", se você responde "tem razão, às vezes eu poderia ser mais esperto do que sou, mas o que quero dizer é que...". Você acha que é capaz de pô-la em prática durante o que resta desta semana?

8 Charadas das bandeiras

Identifique as bandeiras dos estados situadas abaixo e, com a inicial de cada estado, descubra as seis palavras formadas pelas charadas das bandeiras.

= _____

= _____

= _____

= _____

= _____

= _____

9 Caça-palavra

Observe os 20 desenhos e palavras durante o tempo que precisar. Em seguida, passe para a próxima página.

CADEADO

CABIDE

PENSO

CRIATIVIDADE

INSETO

DISCO

CAMISA

Tente localizar, neste caça-palavra, todos os objetos e palavras da página anterior de que você se lembra.

```
Z R O D I R B A V B X I P T
D M B H C A D E A D O F E X
I I D T R H V J F H C S N E
S N M O C H I L A W H V S R
V S T E X Z C N E V Y G O R
C E E D A D I V I T A I R C
H T C B V J D W J E J W L S
F O F E C A D E I R A L T D
I D G B R R I O G A Y I T R
N I M L H E L C R H T V Y F
X S T Z M U J I X I R R V L
V C K D C M E A Y M T O R R
D O N O S D I S F M I O F S
S M N A I F E R R O D T S A
M I W G C Z K I N A I C F P
B W I X V O D W L T J H H A
Z R C V S X R I M A F A N T
F N A W C S T D R F L P V O
F L B N F N Y A E V C E K N
V D I E E X C H J Ã D U H M
Y S D V V I X B S N O N E F
S H E S X V A S I M A C G V
```

Imagine um colega de trabalho lhe dando constantemente o próprio serviço para que você o faça. Você decide então acabar com essa situação. Como faria isso de maneira assertiva? Escreva a conversa em um papel. Acha que poderia aplicar essa sua decisão a um problema com o qual anda preocupado ultimamente?

10 Dança de objetos

Observe estes desenhos durante 1 minuto e depois passe para a página seguinte.

Marque os desenhos que aparecem na página anterior.

11 Hieróglifo

Há quem faça cara feia para ele.

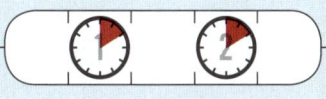

RE RE RE

12 Anagramas

Anagrama é uma palavra ou frase desordenada com o objetivo de criar outra. No jogo a seguir, estão escondidos os nomes de quatro escritores. Os números fornecidos indicam o número de letras de cada uma das palavras da solução.

1. O MENOR BOLO, TATI.   8, 6

2. RICO E REMISSIVO.   5, 9

3. GADO E MAJOR.   5, 5

4. OLHO CÁ E PULO.   5, 6

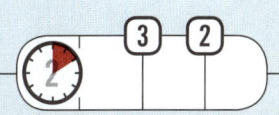

13 Poliedros

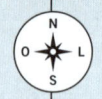

Os poliedros são corpos sólidos formados por polígonos. Podem ser compostos como se fossem recortes, já que, se desenrolarmos suas faces, podemos montá-los em volume. Qual dos três recortes coloridos não pode servir para montar o dodecaedro da imagem?

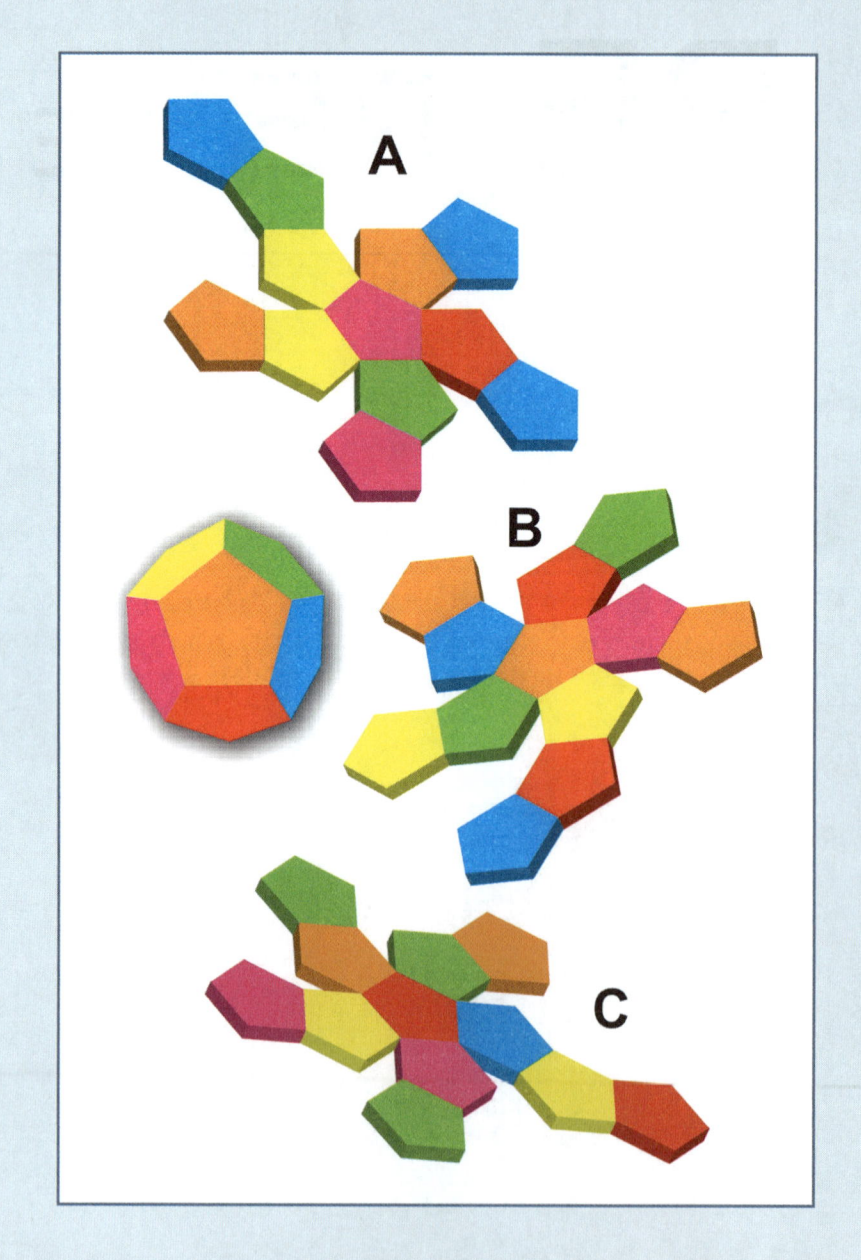

14 Pentominós

Os pentominós são figuras formadas pela união de cinco quadrados. Doze são diferentes e cada um é identificado por uma letra (a mais parecida com seu formato). Para jogar, você deverá girá-los e virá-los, mas são permitidos apenas giros de 90 graus, de modo que o número de posições é limitado: de no máximo 8 nos assimétricos (como no caso do pentominó F com seus 4 giros e o reflexo de cada um deles) até um mínimo de 1 (como no caso do pentominó X). Uma das formas de jogar é preencher um tabuleiro de 8x8 campos em que sobram quatro campos: se os puséssemos no centro, uma forma de compor os pentominós seria colocá-los como na figura 1, mas deixamos para você a trama utilizada (figura 2) porque há outras muitas soluções e lhe damos uma terceira trama (figura 3) com os quatro campos que sobram nos cantos.

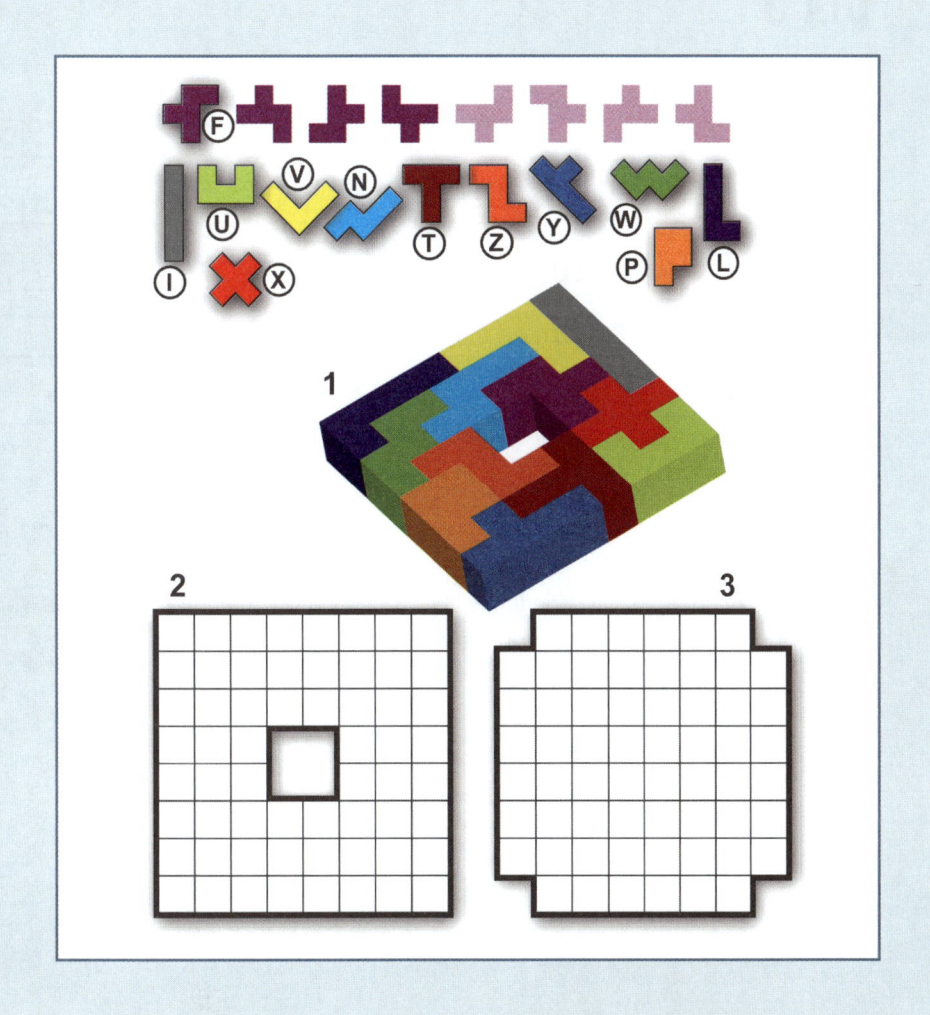

Avaliação diária

Dia 5

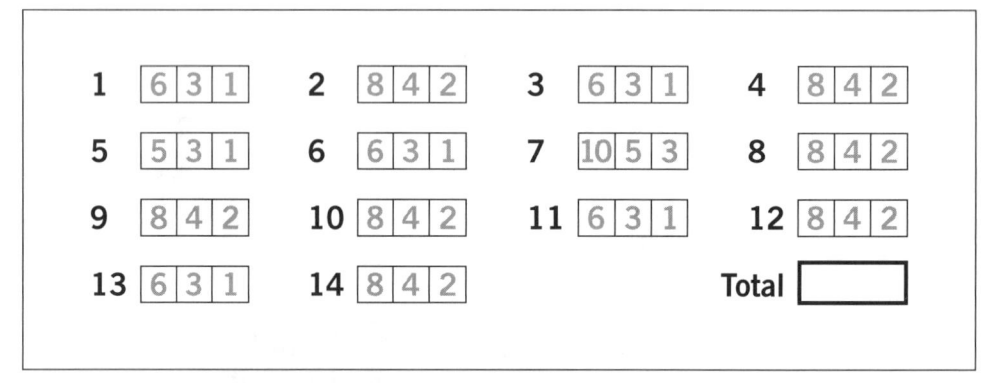

1	6 3 1	2	8 4 2	3	6 3 1	4	8 4 2
5	5 3 1	6	6 3 1	7	10 5 3	8	8 4 2
9	8 4 2	10	8 4 2	11	6 3 1	12	8 4 2
13	6 3 1	14	8 4 2			Total	

- Se você somou mais de **76** pontos, sua mente está na melhor forma!
- Se você conseguiu entre **37** e **76** pontos, obteve um resultado mediano. Adiante! Você segue num bom ritmo.
- Se a sua pontuação não chegou a **37**, você precisa melhorar. Não deve se render. Continue praticando. O importante é o treino.

Dia 6

Preparar o contexto adequado

Tão importante quanto manter o estilo assertivo é saber escolher o momento e o contexto adequados para nos comunicarmos, levando em conta nossos objetivos e a relação que temos com o interlocutor. Trata-se de reduzir ao máximo as barreiras para a comunicação.

1 Jogo dos erros

Você é capaz de encontrar as seis diferenças que existem entre esta imagem e a da página seguinte?

Para fomentar a efetividade da comunicação é necessário criar o contexto adequado, minimizando as possíveis distrações do ambiente, como o ruído, a música ou a televisão. Às vezes é útil planejar o ambiente no qual você encontrará a pessoa a quem quer comunicar algo, pois a estratégia na comunicação é decisiva.

Quando quisermos criticar alguém, depois de nos concentrarmos em julgar sua conduta e não a pessoa, é importante procurarmos um momento em que possamos ficar a sós com esse alguém. Nesses casos, a presença de outros provoca sérias distorções, impedindo que a mensagem seja transmitida da melhor maneira possível.

2 Repetições

Dentre todas essas alabardas, repetidas duas vezes cada, existe uma sem par e outra repetida três vezes. Você pode localizá-las?

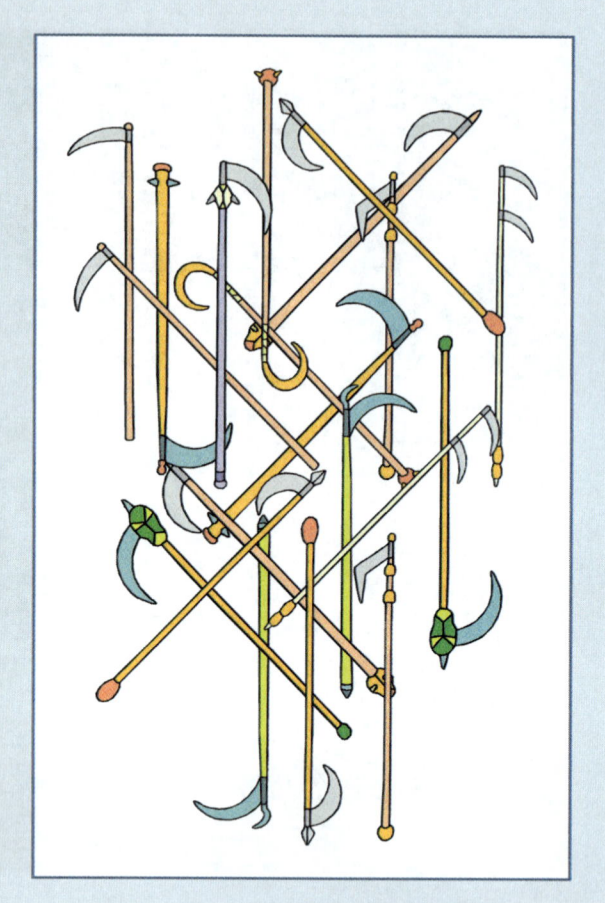

3 Lógica

Qual é o critério de ordenação destes números?

1298673054

4 Números e símbolos

5x3

Neste jogo, a cada dígito (do 0 ao 9) corresponde uma imagem diferente. O objetivo é descobrir tal correspondência partindo dos dois problemas (um de 3 x 3 e outro de 4 x 4), em que as imagens aqui são unidas por símbolos matemáticos e em que se dá o resultado de cada fila e coluna.

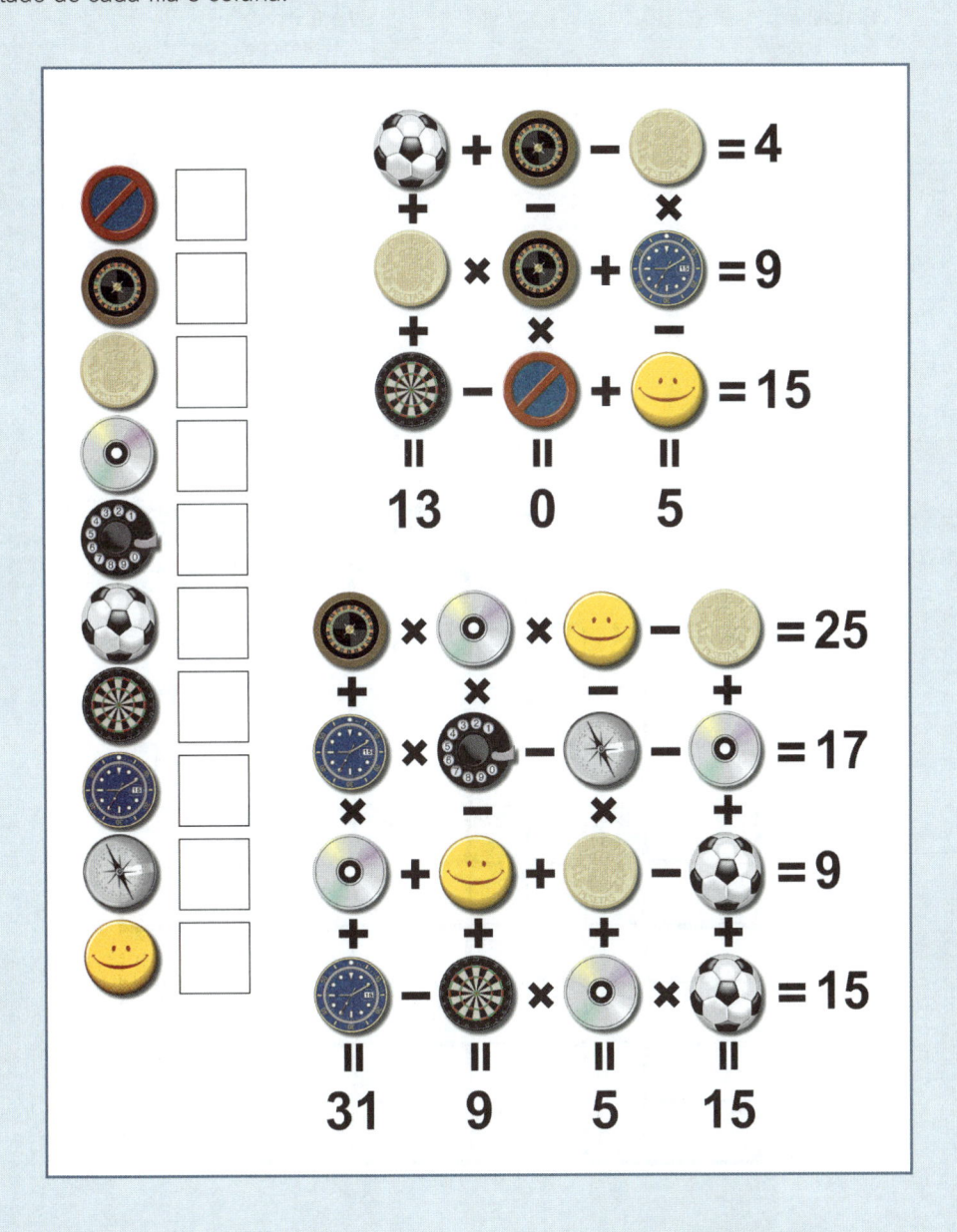

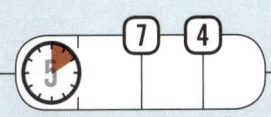

5 Direta simples

As diretas simples, que também podem ser chamadas de rápidas, testam seu vocabulário e sua cultura geral. São um aquecimento perfeito antes de você enfrentar outras diretas mais complexas.

Horizontais
1. Oceano.
3. Divisão da semana.
5. Membro das aves.
7. Precipício; despenhadeiro.
8. Amparo; proteção.
9. Estrondar; trovejar.
10. Conterrâneo de Ivete Sangalo.
14. Ligeiro; veloz.
16. Parte externa dos frutos.
18. Alimento fornecido pelo boi.
19. Coisa material.
21. Casa; moradia.
22. Ar, em inglês.
23. Argola de metal.

Verticais
1. Imita o gato.
2. Domínio do monarca.
3. Atraso; delonga.
4. Estado cuja capital é Macapá.
5. Perdoar as faltas no trabalho.
6. Interjeição dita ao telefone.
9. Possuir; haver.
11. A casa do índio.
12. Cortar as pontas.
13. Concluir; terminar.
15. Regime alimentar.
17. Tipo de jogo de cartas.
18. Pó branco para caiar.
20. Base da omelete.

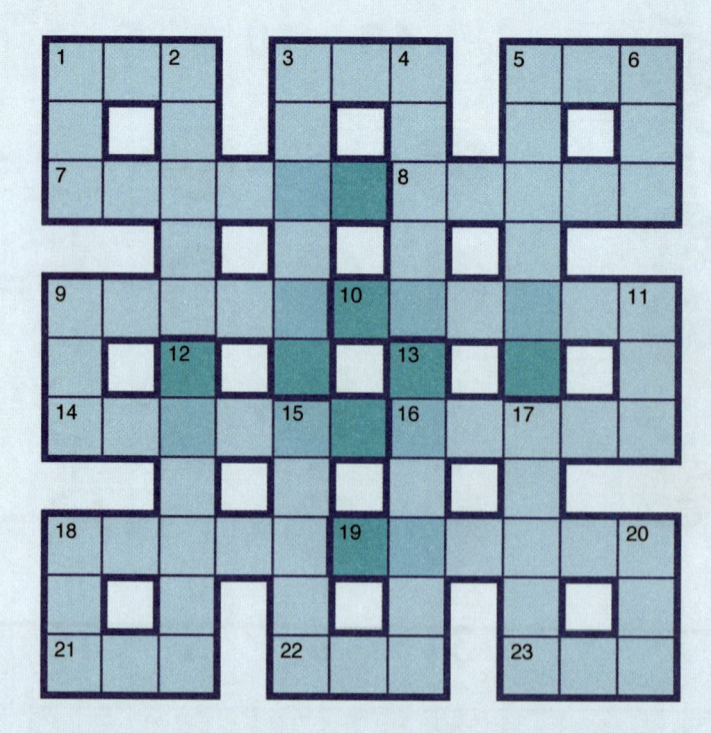

6 Anagramas

Decifre estes dez anagramas. Cada frase ou palavra corresponde ao nome de uma fruta.

1. CAMELINA
2. AMOR CABAL
3. JÁ AMA CRU
4. PATINGA
5. ARGENTINA
6. O LEMA
7. VIRA GALO
8. MOSCADA
9. PASTIO
10. AROMA

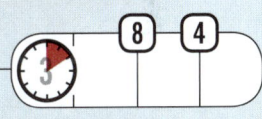

7 Barcos

Os dígitos das partes à direita e abaixo mostram quantos campos ocupam os barcos em uma fila ou coluna. Eles podem estar na horizontal ou na vertical e nunca ocupam campos adjacentes, nem na diagonal. Como dica, mostramos um dos barcos.

TIPOS DE BARCO

- blindado
- destróier
- cruzeiro
- submarino

Esta frota é composta por 1 blindado, 1 cruzeiro, 2 destróieres e 3 submarinos.

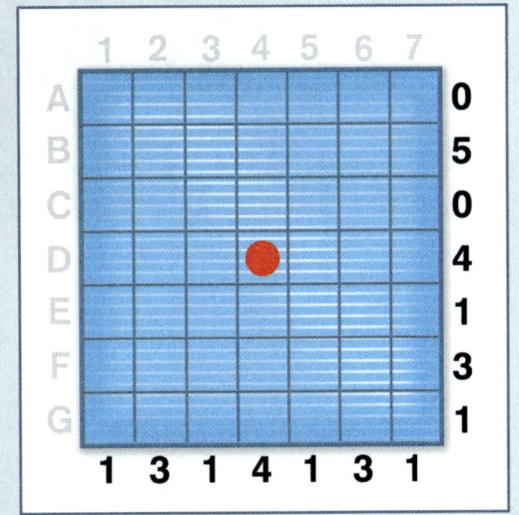

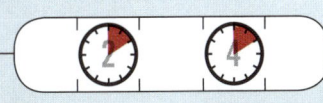

8. Memorizar imagens

Agora você testará a memória, mas também seus conhecimentos gerais. Primeiro, deve tapar as perguntas e memorizar as imagens. Em seguida, cubra as ilustrações com uma folha de papel e responda às perguntas.

1. Em que país se encontra o monumento do campo central?
2. Qual é a localidade da imagem no meio da primeira linha?
3. Quantos destes monumentos ficam na Itália?
4. Em que campo está o monumento mais antigo?
5. Em que cidade se encontra o monumento da imagem 3?
6. Qual é a cidade que se encontra mais ao norte?

9 Pirâmide numérica

5x3

Os campos desta pirâmide contêm um número igual à soma dos dois imediatamente abaixo. O objetivo do exercício é preencher os campos vazios tomando como dica os que já têm seu número inserido.

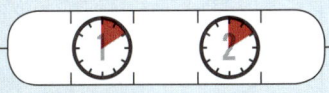

```
        [35]
      [  ][  ]
    [  ][ 9][  ]
  [  ][ 8][  ][ 3]
```

10 Os relógios

Estes seis relógios analógicos marcam horas diferentes. Memorize-os durante 1 minuto. Depois, passe para a página seguinte. Pode ser útil escrever ao lado a hora que cada um deles marca.

Agora os relógios são digitais e você deve identificar os que marcam a hora dos relógios da página anterior. Tenha em mente que algumas das horas marcadas pelos relógios de ponteiros podem ter sido à tarde.

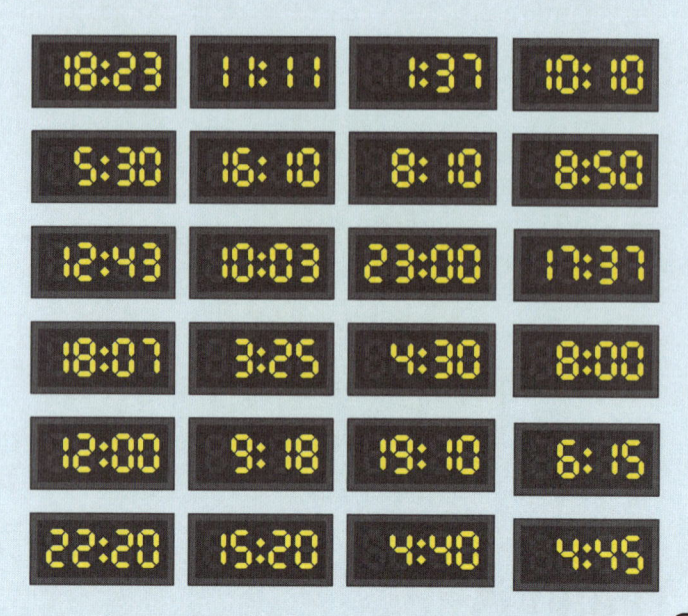

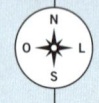

18:23	11:11	1:37	10:10
5:30	16:10	8:10	8:50
12:43	10:03	23:00	17:37
18:07	3:25	4:30	8:00
12:00	9:18	19:10	6:15
22:20	15:20	4:40	4:45

11. A ordem

Se você reordenar mentalmente cada uma das partes da fotografia, poderá ler um ditado com as letras de cima e de baixo.

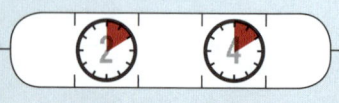

R C S E A N A   P A I

N   A S M A A E G N

Dica: o ditado é composto por três termos.

12 Quiz

Ao transferir as letras das respostas corretas para os campos, você formará o nome de uma antiga máquina militar.

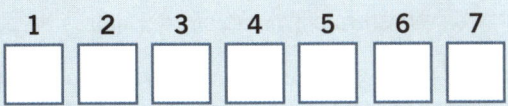

1 2 3 4 5 6 7
☐ ☐ ☐ ☐ ☐ ☐ ☐

1. Qual destas aves pode voar?

   N. Casuar.
   H. Kiwi.
   B. Estrelinha-de-poupa.
   T. Pinguim-real.

2. A que país pertence a Groenlândia?

   Q. Finlândia.
   L. Bélgica.
   V. China.
   A. Dinamarca.

3. Com que filme Clark Gable ganhou um Oscar?

   E. Mogambo.
   Y. E o vento levou.
   S. Aconteceu naquela noite.
   O. Assim são os fortes.

4. Quem é o autor de "Primeiras Estórias"?

   T. Guimarães Rosa.
   O. Euclides da Cunha.
   H. José de Alencar.
   M. Graciliano Ramos.

5. Em que lugar Joana, a Louca, ficou presa?

   L. Giralda de Sevilha.
   I. Monastério de Santa Clara.
   E. Monastério das Descalças.
   A. Catedral de Barcelona.

6. A quantos graus Fahrenheit ferve a água?

   E. 273º F.
   C. 100º F.
   D. 212º F.
   U. 0º F.

7. Em que ano a República da Irlanda se tornou independente?

   S. 2005.
   R. 1970.
   D. 1900.
   A. 1922.

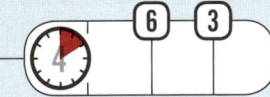

13 Serpentes

Em todos os campos deste jogo há uma letra. Seguindo as linhas no sentido horário, dá para ler as palavras que começam nos campos marcados e cujas definições oferecemos. Cada palavra se mistura com uma ou mais letras da palavra seguinte.

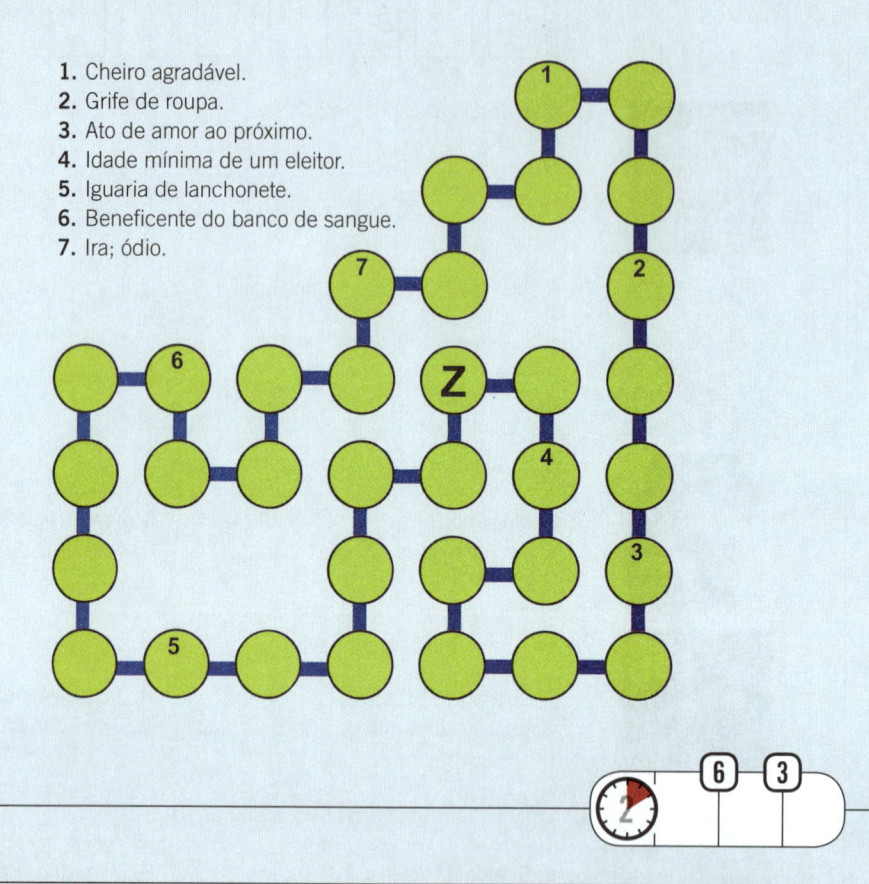

1. Cheiro agradável.
2. Grife de roupa.
3. Ato de amor ao próximo.
4. Idade mínima de um eleitor.
5. Iguaria de lanchonete.
6. Beneficente do banco de sangue.
7. Ira; ódio.

Quando quisermos fazer um elogio, é importante prepararmos o contexto. Assim nos asseguraremos de que o efeito de nossa mensagem será o esperado. Por exemplo, é essencial podermos elogiar uma pessoa diante de outras pessoas que sejam importantes para ela. Dessa maneira, a mensagem ganha vida no olhar de todos os interlocutores e serão criadas as condições para que a conduta elogiada se perpetue. Você consegue pensar em alguém que poderia elogiar hoje e de que maneira fazer isso?

14 Em rede

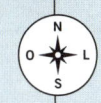

Neste jogo, você deve formar uma palavra de 14 letras saltando de letra em letra. É preciso empregar todas as letras, mas apenas uma vez cada, e cada letra deve se unir à seguinte por uma linha.

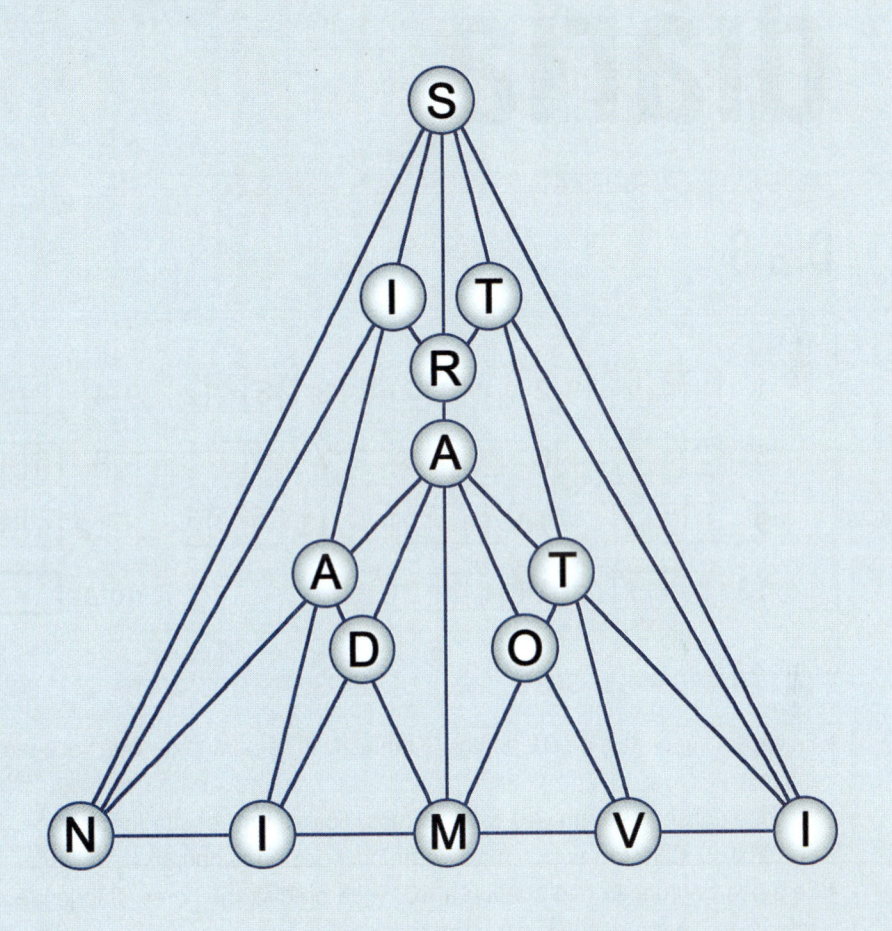

⭐ **Lembre-se de que costuma ser mais simples identificar um final de palavra e depois voltar para formar o resto dela.**

Avaliação diária

Dia 6

1	8 4 2	2	8 4 2	3	8 4 2	4	8 4 2
5	7 4 2	6	10 5 3	7	8 4 2	8	8 4 2
9	6 3 1	10	8 4 2	11	6 3 1	12	6 3 1
13	8 4 2	14	8 4 2			Total	

- Se você somou mais de **81** pontos, é fantástico! Dá para notar que você tem praticado muito.
- Se você conseguiu entre **40** e **81** pontos, obteve um resultado mediano. Sua mente está aberta. Com um pouco mais de treino, você pode chegar bem longe.
- Se a sua pontuação não chegou a **40**, você precisa melhorar. Não jogue a toalha. O esforço tem sempre sua recompensa.

Dia 7

Metacomunicar-se: comunicar algo sobre a comunicação

Como pudemos observar ao longo da semana, a comunicação é um processo complexo em que muitos fatores intervêm. Por isso, é fácil gerar mal-entendidos ou distorções sobre o que se pretende comunicar. A metacomunicação, ou seja, comunicar algo sobre a própria comunicação, é uma boa ferramenta para se aprender a superar os problemas de comunicação.

A chave da cidade

A capacidade do cérebro de interpretar o preenchido e o oco é impressionante, ainda que essas operações não sejam fáceis. Para comprovar, tente fazer este exercício. Acima, está a chave da cidade, que, curiosamente, tem o perfil da mesma, com seus edifícios e formatos. Abaixo, você tem seis possíveis linhas do horizonte, mas apenas uma coincide com a chave. Você consegue descobrir qual é?

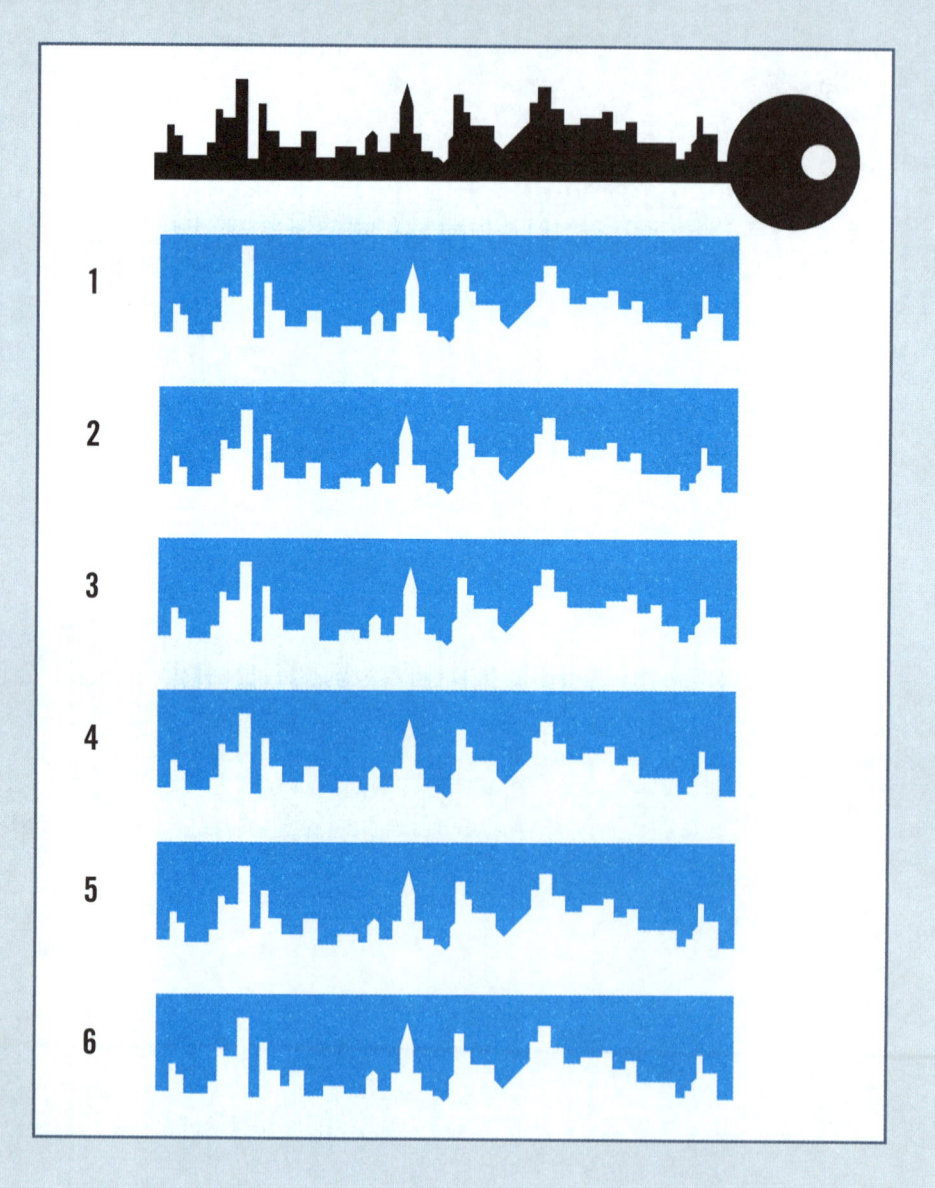

2 Imagens distorcidas

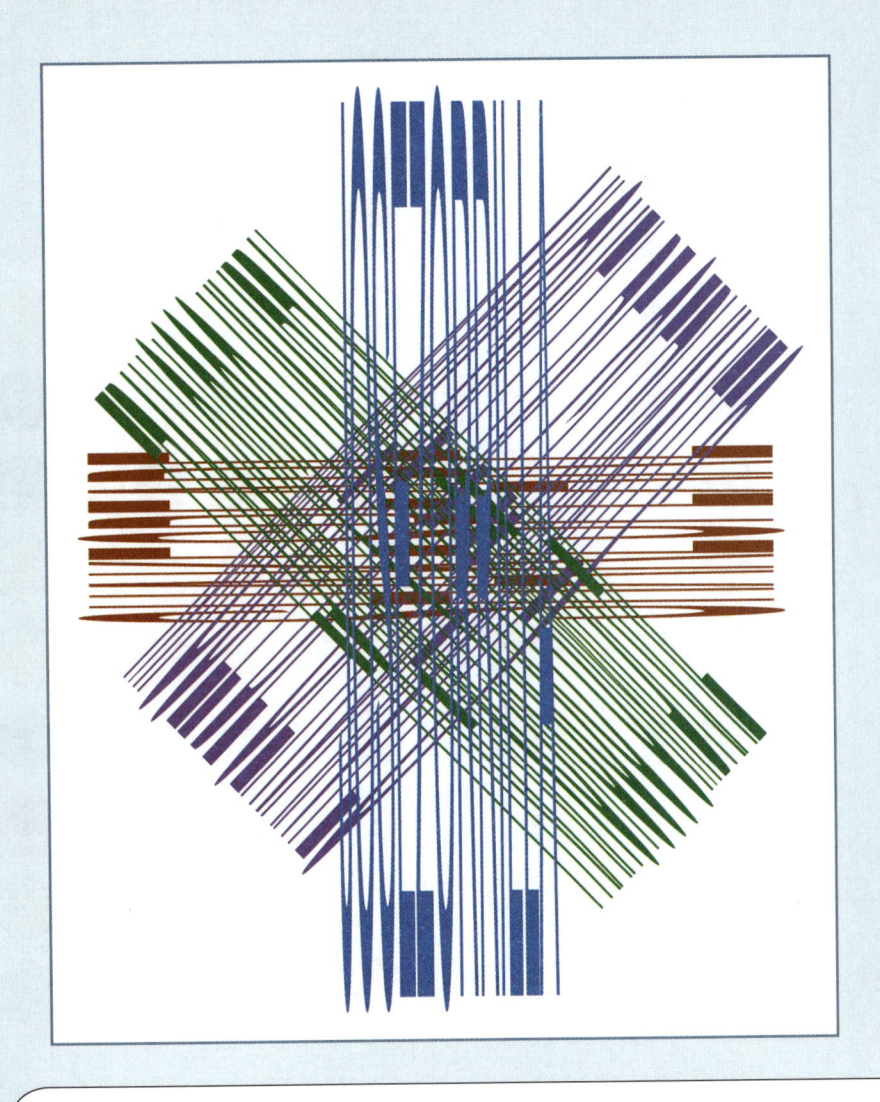

Descubra o que escondem as imagens que protagonizam este jogo. Para encontrar as soluções, é provável que você tenha que olhar para o livro de outro ponto de vista.

★ **Dica: trata-se do nome de quatro escritores.**

3 Jogando com dígitos e cores

5x3

Cada cor corresponde ao mesmo dígito (de 0 a 9). Encontre a correspondência entre números e cores.

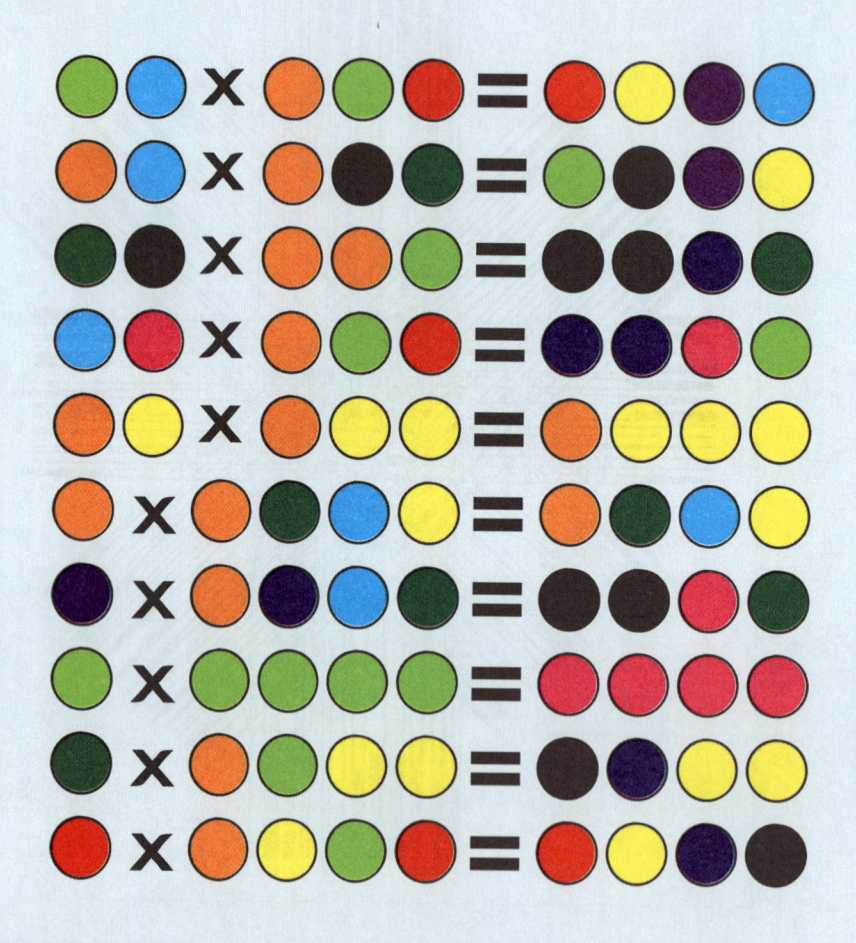

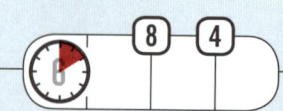

4 Letras embaralhadas

Encontre seis palavras positivas nesta bagunça, movendo-se de campo em campo, em qualquer sentido. Você pode utilizar o mesmo campo mais de uma vez, mas não na mesma palavra.

O	M	M	I	T	E	N
A	S	I	V	O	F	T
L	E	H	X	S	M	U
K	G	R	*	A	I	S
E	D	I	C	A	L	G
Z	N	A	R	E	P	S
A	Ç	O	M	U	H	E

★ Uma das palavras começa por O.

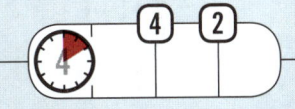

A metacomunicação se torna imprescindível quando existe desacordo entre os interlocutores no nível de relação da comunicação. Ou seja, quando é ambíguo "quem eu sou para você e você é para mim". Quando isso acontece, costuma gerar uma sensação de confusão que acaba se transformando em um caos comunicativo. Agora que você já praticou a metacomunicação, pode neutralizar esses efeitos. Se conseguir, verá que, ao melhorar a comunicação sem dúvida melhorará o bem-estar pessoal. Vale a pena o esforço!

5. Contrários sem consoantes

O desafio que propomos neste jogo consiste em encontrar um antônimo para cada uma das palavras da coluna à esquerda. Por exemplo, o contrário de "heroico" poderia ser "covarde" ou "medroso". Para orientar você, indicamos algumas letras de cada resposta.

1. andar   _ A _ A _
2. chato   _ I _ E _ _ I _ O
3. escuridão   _ _ A _ I _ A _ E
4. aumentar   E _ _ U _ _ A _

★ **Lembre-se de que os antônimos sempre expressam ideias contrárias, mas deve-se ter muito cuidado, já que existem palavras com diversos significados e seu antônimo só pode corresponder a um deles.**

6. Cubos

Todos estes cubos foram colocados em um saco. Quantos você deve tirar para ter certeza de que, ao menos, há dois da mesma cor?

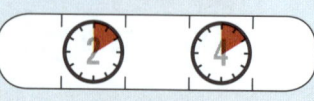

7 Jogada de xadrez

Tente memorizar as peças do tabuleiro. Em seguida, cubra-o e escreva a jogada necessária para que as brancas ganhem em um único movimento.

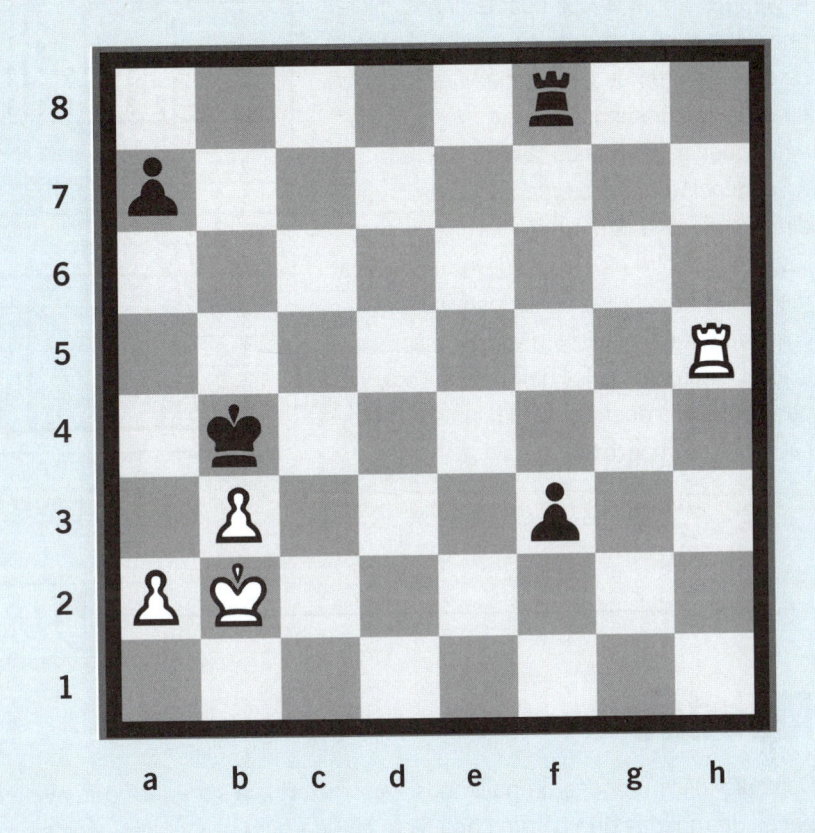

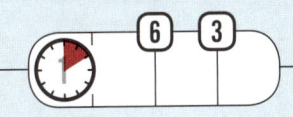

> Quando você não entender o que o interlocutor tenta comunicar, não deixe pra lá nem se acanhe. Metacomunique-se, ou seja, esclareça-se quantas vezes for necessário. Hoje, como propósito, preste atenção especial em suas conversas e comprove que entendeu as mensagens.

8 Pic-a-pix

O objetivo do pic-a-pix é descobrir quais quadradinhos devem ser pintados (ou deixados em branco).

A grade é formada por quadradinhos. Note que existem números em cima de cada coluna e à esquerda de cada linha. Eles indicam quantos quadradinhos devem ser pintados em sequência, formando, assim, blocos.

A sequência de blocos, da esquerda para a direita e de cima para baixo, deve ser sempre respeitada. Entre os blocos, deve haver, pelo menos, um espaço vazio, que pode ser preenchido com X para facilitar a visualização.

O ideal é começar pelos números maiores ou pela sequência de maior soma, tanto na vertical quanto na horizontal.

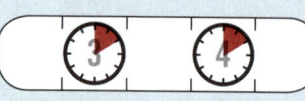

9 Moedas

5x3

Como se fosse um jogo de palitinhos, neste exercício você terá que averiguar a combinação de moedas que há em cada fila e coluna para que a soma coincida com o resultado que damos na margem. É preciso ter em mente que pode haver apenas 1, 2 ou 3 moedas e até nenhuma em cada campo.

10 Recorde

Observe com atenção a fotografia durante 30 segundos e tente memorizar tudo o que puder. Quando o tempo estabelecido acabar, tape a imagem e responda às seguintes perguntas:

1. Quantas almofadas há no quarto?
2. O que há sobre a cama?
3. Quantos travesseiros há na cama?
4. E quantos vasos?
5. De que cor é a almofada que está mais por cima, aos pés da cama?

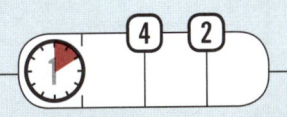

11 Mapa-múndi

Adivinhe a que país pertence cada foto, situe-o no mapa e descubra a palavra oculta com as letras que você obtiver.

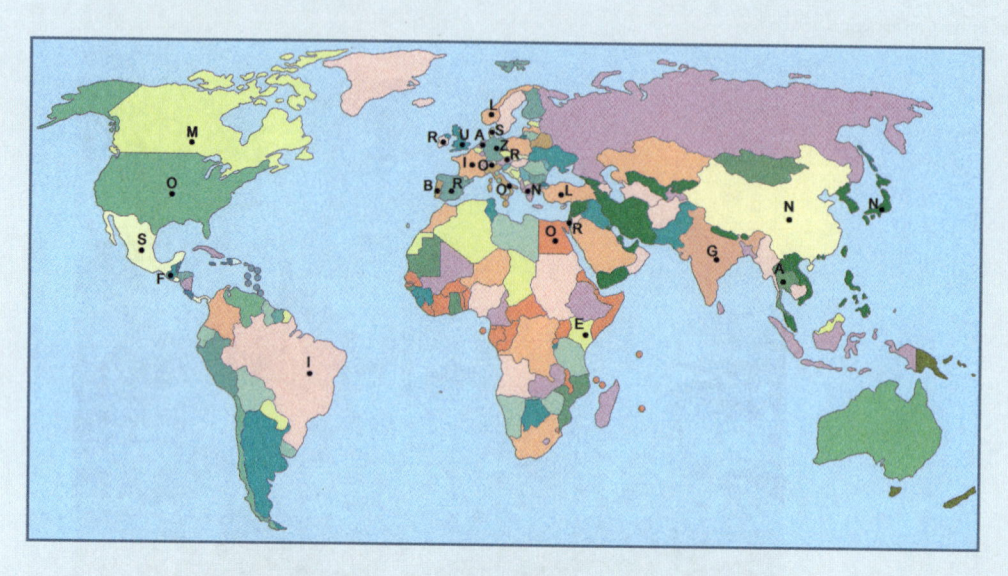

12 Idiomas

Abaixo temos as palavras "amarelo", na coluna à esquerda, e "vermelho", na coluna à direita, em nove diferentes idiomas. Identifique a que país pertence cada bandeira da coluna central e, em seguida, relacione as palavras das demais colunas ao idioma deste país. Como exemplo, pusemos o 1 nas cores correspondentes à bandeira espanhola (amarillo e rojo). Você pode distribuir os demais?

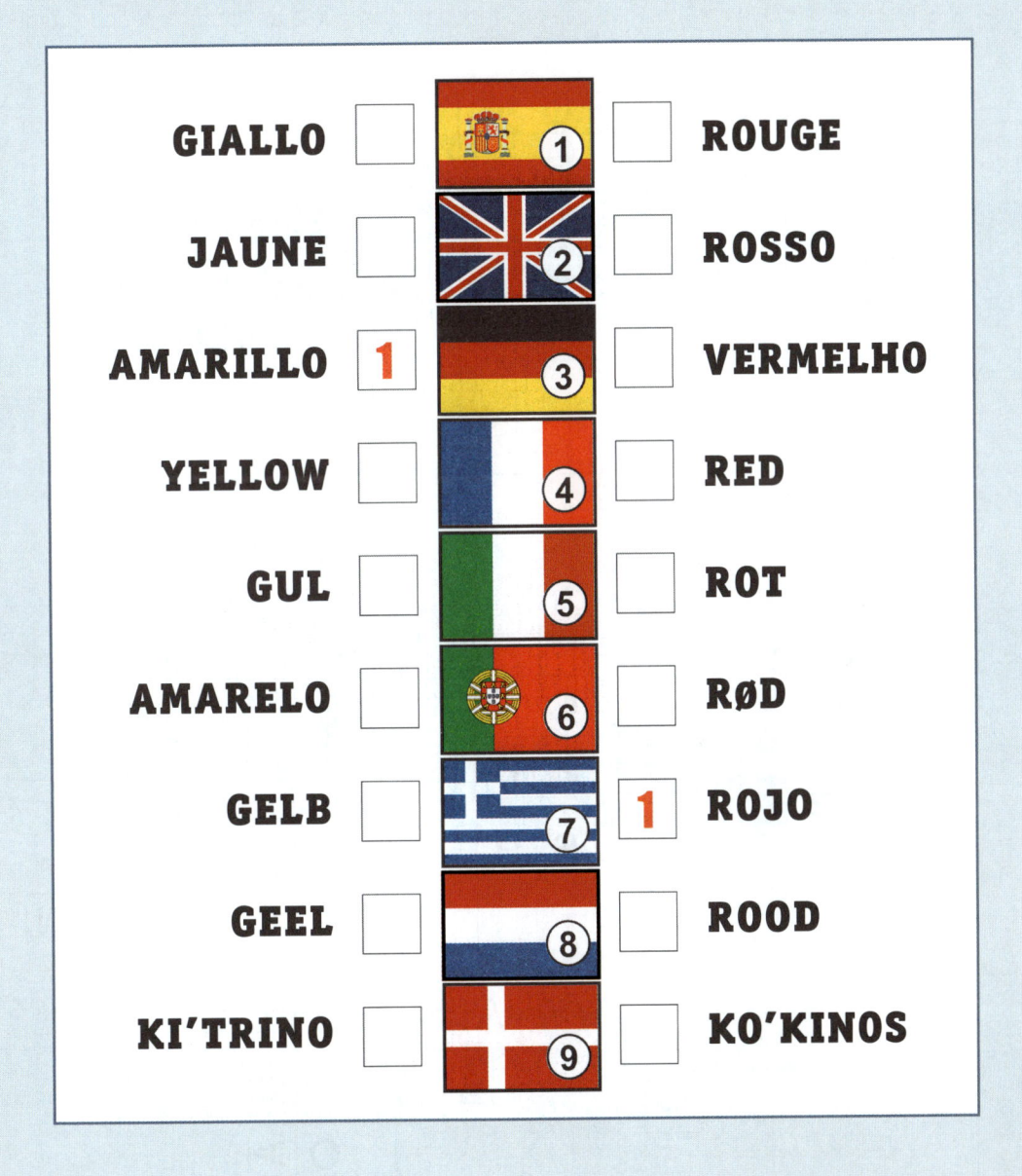

Amarelo		Bandeira		Vermelho
GIALLO	☐	1	☐	ROUGE
JAUNE	☐	2	☐	ROSSO
AMARILLO	1	3	☐	VERMELHO
YELLOW	☐	4	☐	RED
GUL	☐	5	☐	ROT
AMARELO	☐	6	☐	RØD
GELB	☐	7	1	ROJO
GEEL	☐	8	☐	ROOD
KI'TRINO	☐	9	☐	KO'KINOS

13 Quebra-cabeça mensageiro

Teste seus dotes para recompor um enigma do modo correto. Você tem o quadriculado onde inserir as peças e nele aparecem marcados em laranja os campos que contêm letras. Seu objetivo é decifrar a mensagem encaixando as peças sem que se sobreponham, de forma que cubram o tabuleiro por completo. Se você conseguir, poderá ler uma mensagem secreta nos campos com letras. Você deve encontrar um provérbio que se lê no sentido horário, mas que não recebe dica alguma do campo por onde começar.

Dica: as peças não estão giradas.

14 Correntes

Nesta trama hexagonal, escondemos palavras para você descobrir. Cada letra pertence apenas a uma palavra e os hexágonos que a formam devem se unir pelo menos por uma de suas faces. Como dica, oferecemos a trama hexagonal com cores diferentes para cada uma das palavras, mas, cuidado, porque ela está girada. Você deve encontrar onze nomes de países europeus.

```
        N A
      E A Ç L A
    P A S R F E M A
   O R U P A N H A N
    I T S T C E G H
   T A U R I A R A A
    L G A I A G I C
   I A L D N L M A L
    A I R L A E A T
      S U E C B
        A I
```

101

Avaliação diária

Dia 7

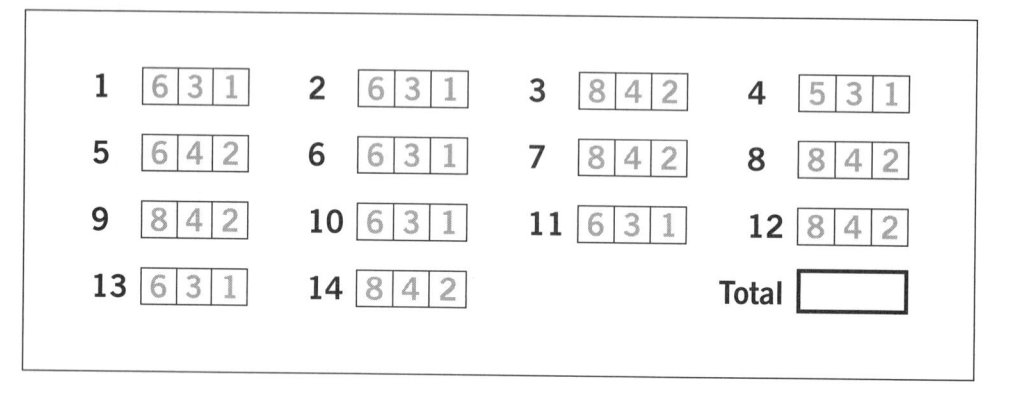

1	6 3 1	2	6 3 1	3	8 4 2	4	5 3 1
5	6 4 2	6	6 3 1	7	8 4 2	8	8 4 2
9	8 4 2	10	6 3 1	11	6 3 1	12	8 4 2
13	6 3 1	14	8 4 2			Total	

- Se você somou mais de **72** pontos, você é um ás! Chegou ao fim da semana em plena forma.
- Se você conseguiu entre **35** e **72** pontos, obteve um resultado mediano. Lembre-se de que, quanto mais treinar, mais rápido se tornará.
- Se a sua pontuação não chegou a **35**, você precisa melhorar. Na próxima semana, terá mais oportunidades de se testar.

Avaliação semanal

Semana 4

Dia 1 ☐
Dia 2 ☐
Dia 3 ☐
Dia 4 ☐
Dia 5 ☐
Dia 6 ☐
Dia 7 ☐

Total da Semana ☐

- Se você conseguiu mais de **526** pontos, parabéns! Seu cérebro está a todo vapor. Continue assim!
- Se você conseguiu entre **261** e **526** pontos, pode ficar satisfeito. Para melhorar, repita os jogos em que obteve os piores resultados. Ânimo!
- Se a sua pontuação foi inferior a **261**, você precisa melhorar. O importante é treinar. Volte a jogar e verá melhoras.

Soluções

Dia 1

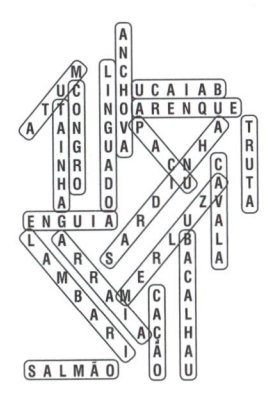

1 [cruzadas de peixes: ANCHOVA, MUÇUM, CONGRO, TAINHA, LINGUADO, UCAIAB, ARENQUE, TRUTA, PACU, CARPA, CAVALA, ENGUIA, LARS, LAMBARI, BACALHAU, CAÇÃO, SALMÃO]

2 a:B1; b:C6; c:D5; d:B4; e:C3; f:C2.

3 %:0; @:1; >:2; €:3; !:4; *:5; &:6; #:7; $:8; ?:9

4 Antes tarde do que nunca.

5 10 x 25 = 250; 250 + 40 = 290; 290 + 17 = 307; 307 – 2 = 305.

6
1. Éter / Seca.
2. Seis / Ditar.
3. Taça / Grão.
4. Oral / Tênis.
5. Pago / Vice.
6. Idem / Adeus.
7. Medo / Diva.
O acróstico é estopim.

7 [palavras cruzadas: IDC, ENVELOPE, DESUNIR, DIRA, TARO, V, LUAU, LIDER, IC, D, N, BEE, SUITE, NR, AMOROSO, OLE, ANEL]

8 Tacos de golfe.

9 Pés.

10 A palavras loucas, ouvidos surdos.

11 Antes só do que mal acompanhado.

12 Quarto crescente.

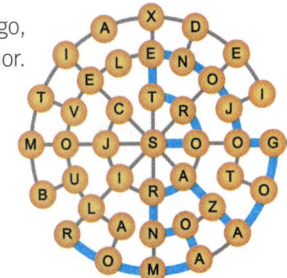

13 Sorte no jogo, azar no amor.

14 1 – 5; 3 – 6; 2 – 4.

Dia 2

1
1. A da direita.
2. Quebra-nozes e fogão.
3. Frigideira, máquina de escrever e telescópio.
4. 30 objetos.

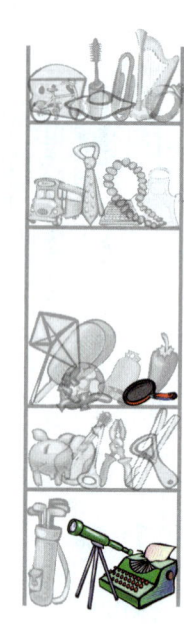

2 Ben Affleck, Harrison Ford, Richard Gere, John Travolta.

3 20.

4 21,74.

5 Amadurecimento.

6 Cão que ladra não morde.

7 Letra O. Pegue a primeira letra do primeiro dia útil da semana (segunda-feira). Em seguida, a segunda do segundo dia e assim sucessivamente.

8 Dia.

9 d4 – d7 Mate.

10
1 M espirradeira / 2 A amapola
3 P açucena / 4 O calêndula
5 N cravo / 6 I dália
7 E maravilha / 8 J girassol
9 G hortênsia / 10 D margarida
11 K narciso / 12 L lótus
13 H amor-perfeito / 14 B petúnia
15 C violeta / 16 F zínnia

11
1. Batom. Chefe.
2. Oceano. Auge.
3. Bens. Quadro.
4. Macarronada.
5. Arpão. Sabão.
6. Raça. Ratear.
7. Louvor. Belo.
8. Ecossistema.
9. Young. Cachê.
Frase: "Os olhos sempre denunciam o que o coração tenta esconder."
Autor: Bob Marley.

12
1. Tabela.
2. Lacre.
3. Regar.
4. Recusa.
5. Saber.
6. Receita.

13 29-27.

14 Cegonha.

Dia 3

1

2

3

4

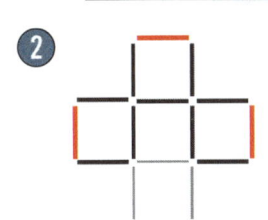

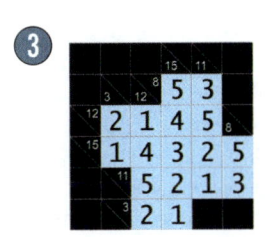

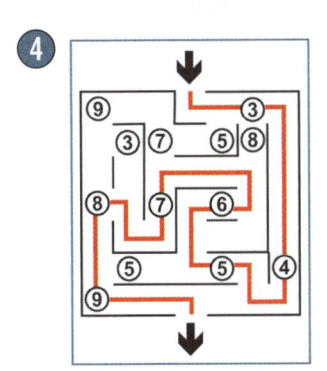

5 Porque depois de encontrá-lo, você não continua procurando.

6 ES; set; tese; Leste.

7 Estão situadas sobre suas posições no mapa-múndi.

8 Ítrio.

9 O saber não ocupa lugar.
Cada macaco no seu galho.

10 Televisão.

11 Telescópio.

12 "Dê a quem você ama: asas para voar, raízes para voltar e motivos para ficar."
Autor: Dalai Lama.

D	I	C	A	Q	U	A	D	R	A
A	M	A	D	O	V	A	C	U	O
L	A	P	I	S	P	A	C	T	O
A	R	T	E	M	A	C	A	P	A
I	N	D	I	O	S	U	R	T	O
L	A	Z	E	R	B	R	A	V	O
A	V	A	L	S	E	L	E	T	O
M	A	I	O	R	V	E	L	A	S
A	F	I	A	R	C	E	S	T	O

13 Ana, Eva, Gil, Ivo, Rui, Lia, Isa e Ian.

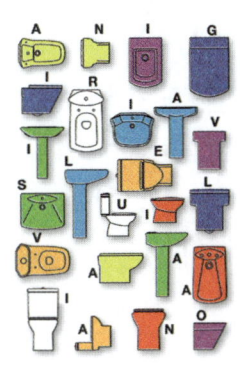

14 A: Samuel L. Jackson
B: Nicolas Cage
C: Matt Damon
D: Mel Gibson
E: Antonio Banderas
F: Leonardo Di Caprio
G: Keanu Reeves
H: Bruce Willis

Dia 4

1 D.

2 [image of circles puzzle]

3 [image of triangle number puzzles]

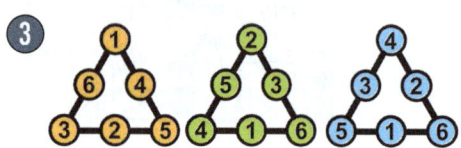

4 [image of domino puzzle]
15 12 18
        12
         8
        11
         2
         6
         6

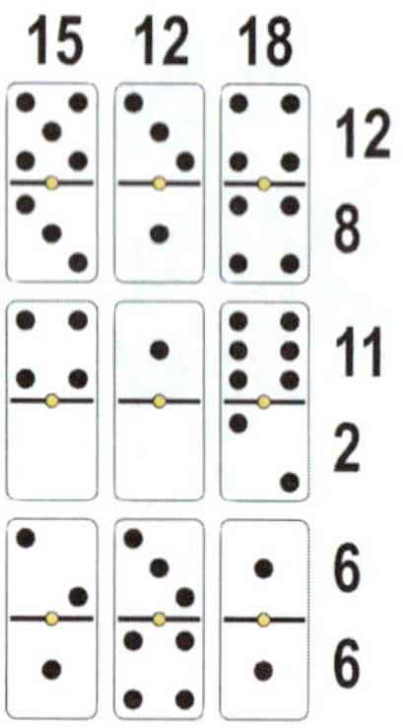

5
1. Azar / arco
2. Rodo / dono
3. Pulo / Lona
4. Vale / Lema

Esta é uma das soluções possíveis.

6 30 de fevereiro de 1793.
As demais datas são possíveis.

7 Grécia.

8 Guacamole.

9
1. Áustria.
2. Guiana.
3. Armênia.
4. Iraque.
5. Japão.

10
1. Pedro.
2. Às 8.
3. Café e biscoito.
4. 7h30.
5. Não.
6. Com um computador.
7. 20 minutos.
8. Marta e José.
9. 17h30.
10. Tomar alguma coisa com os amigos, ler ou ir à academia.
11. Terças e quintas.
12. Visita os pais num bairro mais afastado, se levanta tarde e lê jornal.
13. Ele gostaria de viajar mais.

11 Filmadora.

12 Vaca. *Bos taurus*. A cria da vaca é o bezerro.

13 [image of hexagonal tiles]

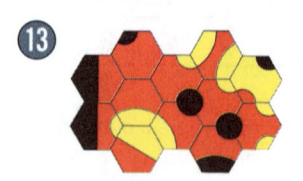

14
1. O do cavalo se repete três vezes; e o outro, uma.
2. 46 (14 azuis, 17 amarelos, 15 vermelhos).
3. Amarelo.

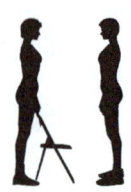

Dia 5

1 [maze solution image]

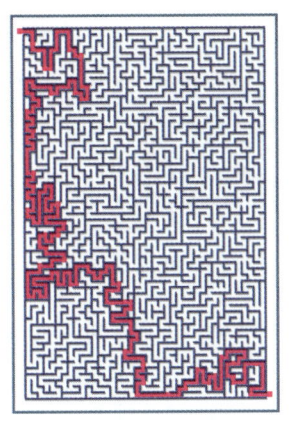

2 [grid puzzle image]

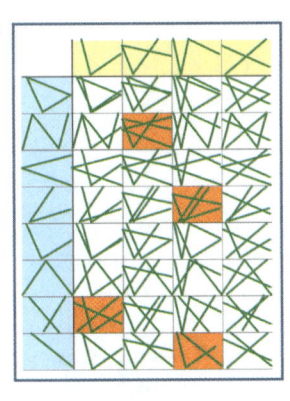

3 33 matérias por semana são 33 semanas, às quais se devem somar 11 semanas (33 entre 3 matérias revisadas por semana são 11 semanas). No total, 44 semanas. Essas 44 semanas menos as 40 que você já está sem estudar indicam que você dispõe de 4 semanas para estudar as 33 matérias (menos uma que você vai deixar, 32). Desse modo, a solução é 8 matérias por semana.

4 5 x 3 – 2; + x x; 1 + 2 + 4; x x +; 6 – 3 – 2.

5 O peão come f7.

6 Crossword solution:
TUDO QUE SE VE
NAO E IGUAL AO
QUE A GENTE VIU
HA UM SEGUNDO.
TUDO MUDA O TEM
PO TODO NO MUND
O. NAO ADIANTA F
UGIR NEM MENTIR
PRA SI MESMO A
GORA. HA TANTA V
IDA LA FORA. AQU
I DENTRO SEMPRE
COMO UMA ONDA
NO MAR. COMO UMA
ONDA NO MAR.

7 Acima.

8 1. Goiânia, Alagoas, Tocantins e Amazonas = GATA
2. Tocantins, Espírito Santo, Mato Grosso e Acre = TEMA
3. Paraná, Espírito Santo, Rio de Janeiro e Amapá = PERA
4. Maranhão, Amapá, Piauí e Alagoas = MAPA
5. Rio Grande do Sul, Espírito Santo, Tocantins e Amazonas = RETA
6. Bahia, Acre, São Paulo e Espírito Santo = BASE

9 [word puzzle image with words: RODIRBA, CADEADO, PENSO, MOCHILA, EDADIVITAIRC, CADEIRA, LIVRO, FERRO, SAPATO, CHAPEU, ASIMAC, etc.]

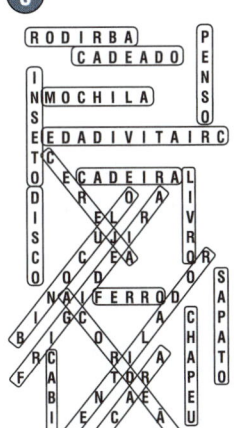

11 Remédio.

12 1. Monteiro Lobato. 2. Erico Verissimo. 3. Jorge Amado. 4. Paulo Coelho.

13 C.

14 Existem centenas de soluções para o problema proposto. Mostramos uma para cada um.

Dia 6

1

2

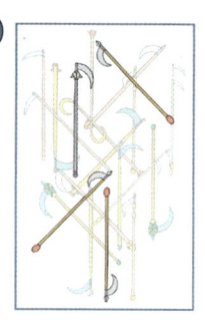

3 Ordenados pelo número de letras de seus nomes e, em caso de igualdade, por ordem alfabética.

4

5

6 1. Melancia 2. Carambola
3. Maracujá 4. Pitanga
5. Tangerina 6. Melão
7. Graviola 8. Damasco
9. Sapoti 10. Amora

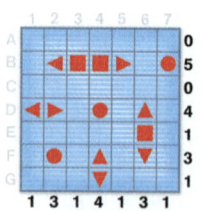

7

8 1. No Vaticano; 2. Barcelona;
3. 2;
4. 8 (Partenon de Atenas); 5. Paris;
6. Moscou.

9

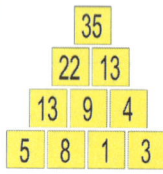

10 5h30; 22h20; 12h; 19h10; 8h50; 1h37.

11 As aparências enganam.

12 Bastida.

13

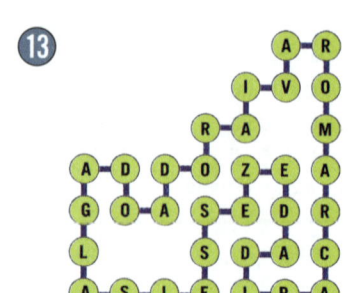

14 Administrativo.

Dia 7

1 A número 4.

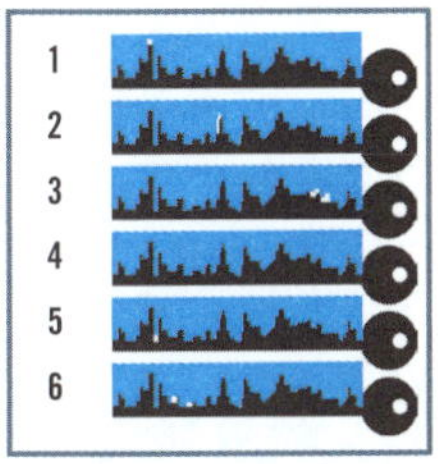

2 Shakespeare, José Zorrilla, Francisco Umbral e Miguel de Cervantes.

3
25 x 123 = 3.075
15 x 198 = 2.970
89 x 112 = 9.968
54 x 123 = 6.642
10 x 100 = 1.000
1 x 1.850 = 1.850
6 x 1.658 = 9.948
2 x 2.222 = 4.444
8 x 1.200 = 9.600
3 x 1.023 = 3.069

4 Otimismo; alegria; esperança; entusiasmo; humor; placidez.

5 1. parar; 2. divertido; 3. claridade; 4. encurtar.

6 O mais desfavorável é você tirar, nos três primeiros, um dado de cada cor. O dado seguinte que você tirar deve ser, necessariamente, da mesma cor que um dos três anteriores.

7 a2-a3 Mate.

8

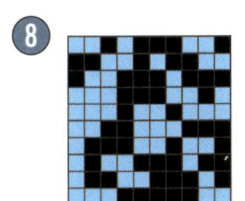

9

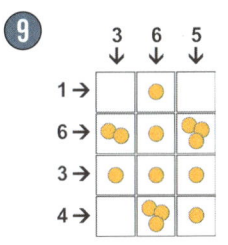

10 1. 5; 2. Uma fruteira; 3. 4; 4. 6; 5. Cinza.

11 GLOBAL (Índia – G; Noruega – L; Suíça – O; Portugal – B; Tailândia – A; Turquia – L).

12 Espanha: amarillo – rojo
Reino Unido: yellow – red
Alemanha: gelb – rot
França: jaune – rouge
Itália: giallo – rosso
Portugal: amarelo – vermelho
Grécia: ki'trino – ko'kinos
Holanda: geel – rood
Dinamarca: gul – rød

13 Águas passadas não movem moinhos.

14

111

Título Original: Entrena tu mente
Autor: Imaginarte Juegos S.L.

Copyright © 2015 RBA Coleccionables S.A.

Copyright da tradução
© 2015 by Ediouro Publicações Ltda.

Coordenação editorial: Daniel Stycer
Edição: Lívia Barbosa, Daniela Mesquita e Dalva Corrêa
Tradução: Liame Associação de Apoio à Cultura

Todas as marcas contidas nesta publicação e os direitos autorais incidentes são reservados e protegidos pelas Leis n.º 9.279/96 e n.º 9.610/98. É proibida a reprodução total ou parcial, por quaisquer meios, sem autorização prévia, por escrito, da editora.

Ediouro Publicações Ltda.
Rua Nova Jerusalém, 345 – CEP 21042-235
Rio de Janeiro – RJ
Tel.: (21) 3882-8200 / Fax: (21) 2290-7185
e-mail: coquetel@ediouro.com.br
www.coquetel.com.br